謙信越山

乃至政彦

はじめに

神秘に満ちた武将

越後《えちご》の太守・上杉謙信《うえすぎけんしん》は「生涯不犯《しょうがいふぼん》」「戦国最強」「無欲の義将」といった伝説に彩られている。その印象があまりに強烈すぎるため、これを誇張または否定しようとする異説も多く唱えられている。

その謙信が生涯の主戦場としたのは、北陸と関東および信濃だった。そのうち関東への遠征は〝労多くして益少なし〟の状況にあってなおこれを繰り返したので、その動機もまた歴史愛好家たちの間で議論が続けられている。本書はこれらの謎に可能な限り肉薄して、明瞭な解答を呈していくつもりである。

上杉謙信の関東出馬

謙信は関東へ「十数回」の遠征を繰り返した。この遠征は「越山《えつざん》」と呼ばれている。謙信が越後から関東に入るとき、険しい山々を越えたことから、この呼び名が定着されることになった。

とはいえ本来、越山とは、関東への遠征のみをいうのではない。謙信が隣国越中《えっちゅう》の海岸に立ち、そこから能登《のと》半島を遠望して詠んだ漢詩に「越山併得能州景」と、山を越えて能登の景色を楽しんだことが見えるように、北陸遠征も越山と呼ばれていたのだ(1)。

しかし謙信の越山といえば、関東への遠征として周知されており、新潟県の田中角栄もと総理の「越山会」命名も、謙信の関東遠征に因《ちな》む。

越山は、謙信31歳のときから45歳のころまで、15年ほど続けられた。49歳のとき最後の越山計画を立てていたが、出陣前に自室で腹痛に倒れ、そのまま帰らぬ人となった(2)。

謙信は、なぜエネルギーの多くを越山に費やしたのだろうか。

越山の動機を探る

本書ではそれぞれの記事を独立して楽しめるようにしたが、最初から最後まで読んでもらえば、謙信越山に対して多くの方がお持ちの疑問が解けるようにしている。

ここで簡単に本書の構成を述べておこう。

「第一部　越相大戦以前の関東」では、基本的に謙信の関東遠征が本格化する前の状況を見てもらう。ここでは、あえて時系列にこだわらず、謙信以外の重要人物から詳述する。謙信の越山がどのような時代に行なわれ、関東を中心とした大名たちが何を考えていたのか。各自の思考や背景を見ることなくして、主題の掘り下げはできないからだ。とくに簗田晴助《やなだはるすけ》、里見義堯《さとみよしたか》、小田氏治《おだうじはる》、上杉《うえすぎ》憲政《のりまさ》、成田長泰《なりたながやす》、太田資正《おおたすけまさ》、横瀬成繁《よこせなりしげ》などの群雄については従来と異なる視点で切り込んでみた。

「第二部　上杉政虎の誕生」では、いよいよ謙信本人が姿を現す。そこでこの時東国を大きく揺らがせた越山のインパクトを見てもらう。それは現地の諸士のみならず、謙信本人をも想定外の事態へ誘った。

「第三部　関東管領職の試練」では、その重職を見直そうとする謙信と、反撃を開始する武田・北条両軍との駆け引きを見てもらう。またこの間に行なわれた第四次川中島合戦の様相にも触れていく。

「第四部　近衛前久が残した「東国鉾楯」」では、関東諸士にとって上杉謙信とは何だったのか、そしてなぜこの紛争が長期化することになったのかを考えるための鍵を指し示したい。

なぜ謙信は領土を得るわけでもないのに、関東への遠征に尽力したのか。「義侠」という道楽か、それとも「略奪」という実益か。本書ではどちらの俗説にも拠らず、別の答えを指し示していくことになろう。

それでは、関東戦国史の魅力をご堪能いただきたい。

本書の説明

本書は令和《れいわ》2年（2020）正月から10月まで、日本ビジネスプレスのＪＢｐｒｅｓｓに連載した『謙信越山』を、まとめたものである(3)。その過程で大幅に加筆修正を施し、特に脚注の補強に努めた。

学術論集に倣ったわけではないが、参考文献はそれぞれ脚注に明記したので、巻末には並べていない。関連情報のアクセスに問題はないと思う。

また、上杉謙信（1530〜78）は、幼名を虎千代（1530〜34）、元服して長《なが》尾《お》景虎《かげとら》（1534〜61）、上杉憲政から名跡を譲られて上杉政虎《まさとら》（1561）、足利義輝の偏諱《へんき》を授かって上杉輝虎《てるとら》（1561〜70）、出家してからは上杉謙信（1570〜78）と、その名乗りを改めたが、なるべくその当時の名乗りを用い、時代性を離れるときは、謙信表記を用いることにした。こちらも併せてご留意願いたい。

年	上杉謙信略年表	本書の時系列	戦国時代の主な出来事
大永元年			武田信玄誕生。
享禄3年	長尾為景の子、謙信誕生。幼名虎千代。		
天文3年		第3節・第4節　里見義堯という男	織田信長誕生。
天文5年	元服し、景虎を名乗る。		上方で足利義輝、近衛前久誕生。
天文10年	父・為景死去。		武田信玄が父・信虎を駿河に追放。北条氏綱が死去。
天文11年		第2節　簗田晴助という男	
天文13年	長尾平六を討伐。名声を高める。		
天文17年	大晦日、兄・晴景より家督を譲り受ける。	第7節・第8節　上杉憲政という男	
天文20年	兄・晴景死去。		
天文21年	7月、関東へ初の越山を行う。	第1節　敵か味方か、はじめての越山	
天文22年	武田信玄と信濃で戦う（第一次川中島合戦）。初上洛を果たし、天顔を拝する。		
天文24年	夏に第二次川中島合戦。		
弘治2年	謙信出奔。しかし大熊の乱勃発のため、すぐに復帰。	第5節・第6節　小田氏治という男	
弘治3年	8月、第三次川中島合戦。将軍の調停で武田と和睦。	第18節　上杉謙信の宣伝戦と正戦思想 第9節　北条氏康という男	
永禄2年	兵を連れて二度目の上洛。関白近衛前久と「密事」を契約。 4月、将軍・足利義輝に謁見し、多くの特権を授かる。	第10節　長尾景虎の上洛 第11節　足利義輝が見た「大名行列」 第12節　「上杉七免許」の効果 第13節　越相大戦の勃発	織田信長が少人数で上洛し、足利義輝に謁見を望む。
永禄3年	越中を平定して、再び越山。上野を制圧する。	第14節　関東管領の名代職に就任する 第15節　簗田晴助の念願	桶狭間の戦いにて織田信長軍が今川義元軍を破る。
永禄4年	越後に下向した近衛前久を連れて、関東諸士を糾合。関東公方に足利藤氏を推戴し、北条氏康・氏政と争う。関東管領に就任、長尾景虎から上杉政虎に改名する。 9月に信玄に決戦を挑む（第四次川中島合戦）。 12月、義輝の偏諱を受けて上杉輝虎に改名。	第16節　上杉政虎と成田長泰の衝突 第17節　武田信玄の越山妨害 第19節・第20節・第21節　決戦川中島 第22節・第23節　太田資正という男 第24節　横瀬成繁という男	

永禄5年	4月、関東に在った前久を越後に連れ帰る。 夏、前久が帰京する。	第25節 佐野昌綱救出作戦 第26節「謙信越山」の理由。
永禄7年	7月、長尾政景が急死したため、第五次川中島合戦が不発に終わる。	三好長慶が死去。
永禄8年		足利義輝、三好三人衆と松永久通に殺害される（永禄の変）。
永禄9年	小田城を制圧し、臼井城を攻撃する。だが、足利藤氏が死去し、関東経略の大義名分を失う。	
永禄11年		今川と北条が武田に塩留めを行う。信玄、駿河に侵攻。 織田信長が上洛し、足利義昭を将軍に就任させる。
永禄12年	正月、販売価格を規制した上で、武田領国への塩の輸出を許可する（「敵に塩を送る」の語源）。5月、越相同盟が成立。7月、武田と密かに和睦。	
永禄13年（元亀元年）	武田家と再び断交。北条氏政の弟が謙信の養子となり、上杉景虎と改名する。謙信も有髪のまま法体となり、不識庵謙信と改名する。徳川家康と同盟。	
元亀2年		9月、織田信長比叡山焼き討ち。10月、北条氏康が死去。
元亀4年	8月、越中へ出兵し、加賀の朝日山城を攻撃。	足利義昭が信長と断交。4月に武田信玄が、12月に成田長泰が死去。
天正2年	12月、謙信が剃髪する。	4月に佐野昌綱が、6月に里見義堯が死去。
天正3年	養子の長尾顕景を上杉景勝に改名させ、弾正少弼を譲る。	長篠の戦いで織田信長が武田勝頼を破る。
天正4年	織田家と断交。越中を制圧。	織田信長が安土に移る。
天正5年	能登を制圧。加賀手取川で織田軍を逐い、凱旋する。	
天正6年	3月、不慮の虫気（腹痛）により死去。	由良（横瀬）成繁が死去。
天正7年		上杉憲政と上杉景虎が死去。上杉景勝が上杉家の名跡を継ぐ。
天正18年		豊臣秀吉による小田原征伐、北条家滅亡。

【第三章】関東管領職の試練

第一章

越相大戦以前の関東

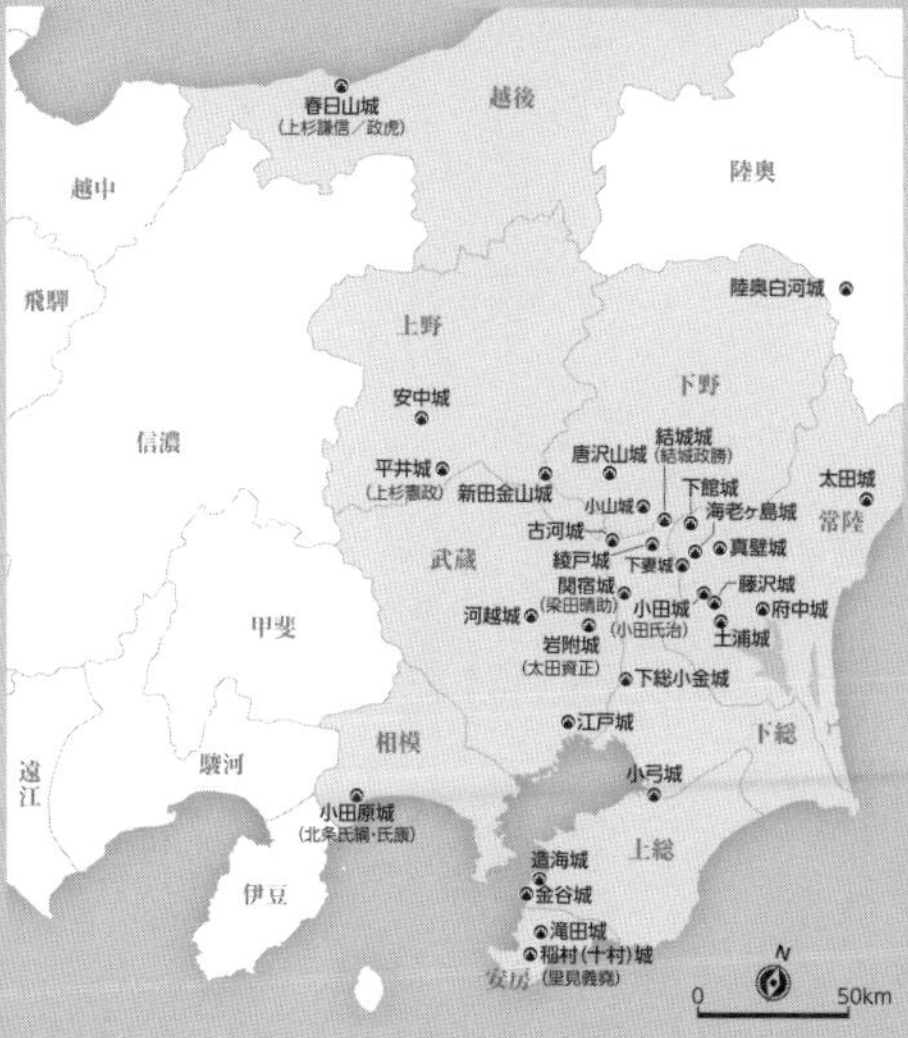

第1節　敵か味方か、はじめての越山

三国峠を「十数回」越えた謙信

三国峠《みくにとうげ》は、上野《こうずけ》・信濃《しなの》の接する峠である。

越後《えちご》から上野へ向かい、標高1100メートルほどの高みに登ると、この上ない絶景が広がっている。背後を振り返れば、雲の合間に連山が黒々とそびえ立つ。前方は青々とした大地と水利が、目を潤《うるお》わせてくれる。対象的な両国の景色は、まるで別天地である。

そこから沼田の地を過ぎて赤城山の麓《ふもと》を横切れば、いよいよ関東平野が待っている。

三国峠には「御坂三社神社《みさかさんじゃ》（三国権現）」があり、その境内に「三国峠を越えた人々」と題する石碑がある。そこに「白雲禅師［鎌倉時代］」「堯恵法印［文明十八年］」「万里集九［長享二年］」「良寛禅師［文化］」「与謝野鉄幹［昭和六年］／与謝野晶子［同］」など60人以上の人名が刻まれていて、どの人物も三国峠を渡った時期が記されている。

だが、越後春日山《かすがやま》（新潟県上越市）城主の上杉謙信《うえすぎけんしん》だけは違っている。「十数回」と、渡った時期ではなく回数が記されているのだ。車などの交通手段のない前近代に、この回数は異様である。謙信はなにを想いながら「十数回」も越山したのだろうか。

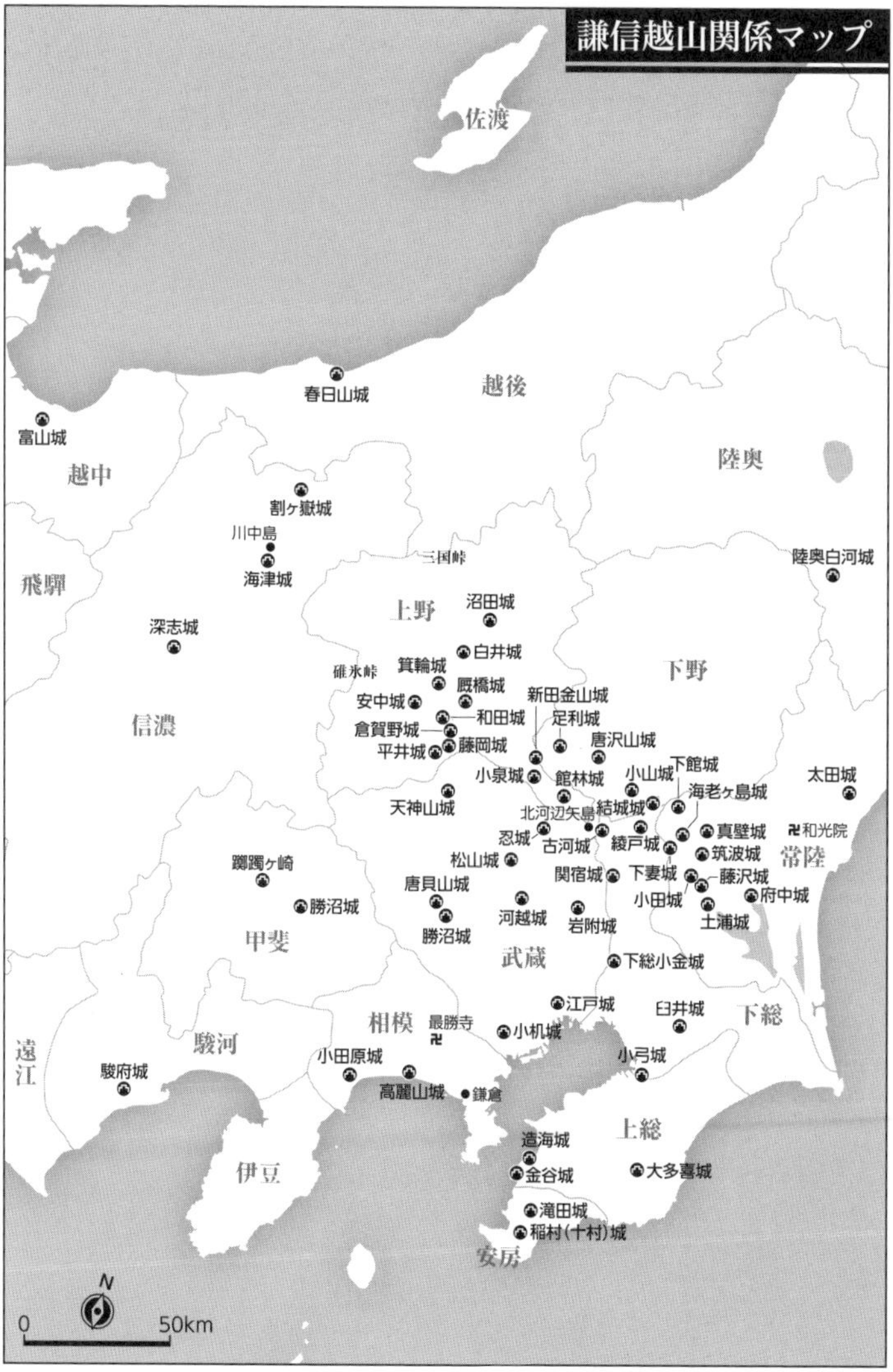
謙信越山関係マップ
佐渡
越後
春日山城
富山城
越中
陸奥
割ヶ嶽城
川中島
海津城
三国峠
陸奥白河城
飛騨
上野
沼田城
深志城
白井城
下野
碓氷峠
箕輪城
厩橋城
安中城
新田金山城
和田城
足利城
倉賀野城
信濃
平井城
藤岡城
唐沢山城
下館城
太田城
小泉城
館林城
小山城
海老ヶ島城
天神山城
北河辺矢島
結城城
忍城
真壁城
和光院
古河城
綾戸城
筑波城
常陸
松山城
躑躅ヶ崎
関宿城
下妻城
藤沢城
唐貝山城
小田城
府中城
勝沼城
河越城
岩附城
土浦城
甲斐
勝沼城
武蔵
下総小金城
江戸城
臼井城
相模
最勝寺
小机城
下総
遠江
駿河
小田原城
小弓城
駿府城
高麗山城
鎌倉
上総
造海城
伊豆
金谷城
大多喜城
滝田城
稲村(十村)城
安房
N
0
50km

三国峠（群馬県・新潟県）

景虎インパクト

謙信の越山は通説では謙信がまだ長尾《ながお》景虎《かげとら》を名乗っていた永禄《えいろく》3年（1560）から始まったと言われている。しかし史料を見直していくと、実はそれ以前の天文《てんぶん》21年（1552）にも越山している。ここではその様子を追ってみよう。まずは一次史料[4]から実像に迫ってみたい。

北条氏康の関東進出

この頃、関東では相模《さがみ》の小田原《おだわら》城（神奈川県小田原市）の城主である北条氏康《ほうじょううじやす》が進出しており、関東管領職《かんれいしき》[5]・上杉憲政《のりまさ》の居城である上野の平井《ひらい》城（群馬県藤岡市）を制圧していた。北条軍はついで北方の越後侵攻まで企てていた。

それまで関東は古河公方《こがくぼう》・足利家と家宰の関東管領上杉家が統治する政体が常態だったが、天文15年（1546）の河越夜戦《かわごえやせん》（いわゆる砂窪合戦《すなくぼかっせん》）でかれらは氏康に大敗した。ここから風向きが大きく変わっていく。

氏康の妹を娶《めと》っていた古河公方の足利晴氏《はるうじ》は、その子に家督を譲り、北条家は外戚の座を得た。こうして北条家は、関東の副将軍が如き立場に立つこととなった。当時の人々は「公方さまもとうとう傀儡に落ちたか」と驚いたことだろう。

同時代の畿内では、征夷大将軍《せいいたいしょうぐん》を擁する〝三好《みよし》政権〟が、天下政権(6)を担っていた。これと並んで関東では〝北条政権(7)〟とでも言うべき地域権力が屹立《きつりつ》していたのだ。

これを快く思わない関東領主もたくさんいた。かれらは越後の才気あふれる若者に期待を寄せた。

この若者は天文17年（1548）の大晦日に、弱冠19歳で越後の太守となった。伝統的な秩序への関心が深く、しかも義侠心の塊のような武将であった。そればかりか「代々之軍刀」を自在に操る無類の戦上手でもある(8)。武将の名前は長尾平三《へいざ》景虎(9)。後《のち》の上杉謙信であった。越後は、一国で他国の数倍に相当するという潤沢な財力を有していた。その兵も「天下一之軍士(10)」と恐れられるほど精強だった。故郷を追われた上杉憲政は、この景虎を頼って越後へ亡命する。憲政が「居城を取り戻してくれ」と懇請すると、景虎は応諾した。

ここから関東諸士も、景虎の動向に注目することになる。

長尾景虎はじめての関東越山

天文21年（1552）5月、上野へ遣わした者たちが越後へ戻り、現地の情勢を報告した⑾。その翌月、景虎は、6月20日にすぐにも「上州（上野）へ打ち入るべき」との予定を立てた⑿。その翌月、景虎は速やかに武蔵《むさし》の北河辺《きたかわべ》・矢嶋《やじま》（埼玉県深谷市矢島）に越後軍の「濫妨狼藉《らんぼうろうぜき》」停止を厳命する禁制⒀を発した⒁。そしてすぐに越山したらしく、8月から10月にかけて、景虎たちは関東出陣に参加した武将たちに慰労の書状を発している⒂。はじめての越山は無事に終わったらしい。

なお、このときの越山は、同時代史料がとても少なく、具体的な動向が不明なことから、「出陣は企画だけに終わり、実現しなかった」と見る向きもある。藩史の『謙信公御年譜⒃』にも同年の越山記事がない。

だが、先述したように景虎たちは越後の諸将に向けて、「今度関東御出陣遠路一入《ひとしお》御陣労」「今度関東御合力儀、早速出陣、遠路一入御陣労」と、かれらの関東越山を慰労する書状を発している。このため、越山が不首尾に終わったとは思われない。ここは素直に景虎初の関東越山があったと見るべきだろう。

関東諸士が見た越山

はじめての越山は、その具体的内容を伝える同時代の史料が見当たらないが、仮説を打ち立てるため、あまり禁欲的になることなく、近世の史料を参考にしてみよう。

示唆を与えてくれるのは佐野家の動向を記す近世の『佐野記』（栃木県令写本）である(17)。

同書によると、景虎は同年4月、「安中越中守《あんなかえっちゅうのかみ》（越前守重繁《かさしげ》の誤記か）」の先導により上野へ進出して、平井城を奪還した。その後、景虎は平井城に3000余人の兵を駐留させると、6月上旬に越後へ「帰陣」したという(18)。

ただし当時の史料によると、景虎は6月20日になってもまだ越後を出ていないので、この流れは事実と相違する。おそらく別年（永禄3年［1560］）の関東越山と混同したものだろう。

同書ではこの翌年、再び景虎が越山して、上野ばかりか下野《しもつけ》まで出向き、さらに佐野家の唐沢山《からさわやま》にまで足を運んだとされている。実際にはこちらが天文21年（1552）の関東越山と合致する。

この記録内容を起点に、景虎と現地諸士の動向を拾い出したい。

まず景虎は、7月から8月までの間に上杉憲政を擁して平井城を奪還。続いて上野と下野の両国境目を巡検することにした。憲政はこのとき平井城に入ったと思われる。

だが諸士にとって、越後の景虎は他所者《よそもの》である。いくら憲政のために大功を立てたとはいえ、関東には関東の流儀がある。他国者の若造に大きな顔をされてはたまらない。

ここで『佐野記』は、横瀬《よこせ》（後の由良《ゆら》）成繁《なりしげ》の「足軽大将・金井《かない》（田）左衛門佐」が景虎に「無礼」を働いた科《とが》により、「たちまち討ち取られた」と記している(19)。この事件はほかの文献に詳述するものがある。軍記の『上州坪弓老談記』〔巻之上〕と『新田老談記』〔上〕である。ここからその内容を見てみよう(20)。

長尾景虎は、全軍を二列行進で突き進ませるのが好きだった。その兵数は2000余人。独特の行軍様式を関東でも通用させようと懸命だったが、現地にすれば迷惑極まりなかった。なぜなら景虎の兵たちは地理不案内のため、道をはみ出し、田畑を踏み荒らしていたからである(21)。

これを見た上野の地侍は、傍若無人とはこのことだと不快に思ったらしく、他国の若大将に向かい、嫌味たっぷりに礼儀を教えてやることにした。地侍の名は金井左衛門佐宗清《むねきよ》。上野の新田金山《かなやま》城(群馬県太田市)の横瀬成繁の足軽大将である。

金井宗清の抗議

金井宗清は、景虎一向が桐生《きりゅう》筋から足利の八幡《やわた》(足利市八幡町)を通るのを馬上から見下ろしていた。これに気づいた景虎配下の侍は、血相を変えて宗清に呼ばわった。

「そなたは何者か。これほどの大軍を恐れず、我らを馬上から見下ろすとは無礼ではないか」

金井宗清はこれに強気の姿勢で返した。

「だれかと思えば越後の国主ちんば殿の軍勢か。拙者は新田の金井左衛門佐で、この山の番所を守ってござる。ここから足利までは由良・(足利)長尾の支配する土地ゆえ、景虎殿には部下と味方の者たちに狼藉を思いとどまるよう申し渡されたい」

これを聞いた侍は、宗清の言葉をそのまま主人の景虎に言上《ごんじょう》した。すると関東の天地に景虎の哄《こう》笑《しょう》が響き渡った。

「面白いが気の毒なことだ。現地の大将がわざと無礼者を遣わして、この景虎を試すとは。ならば今後のためにも討ち取ってくれよう。ひとりも生きて逃すな(22)」

景虎が歩兵たちに命ずると、合戦支度が始められた。驚いた金井宗清は撤退を急いだが、追い込められて自害した(23)。宗清の寄騎《よりき》である野村《のむら》源七郎と梅田《うめだ》半九郎は、「ここが死に場所と見た」とばかりに奮闘し、思わぬ抗戦に驚く越後兵を翻弄したあと、目を合わせて番所に引き上げ、百姓たちを避難させた。この間に助けを求める早鐘《はやがね》が鳴り響く。

早鐘を聞いた景虎は、身の危険を感じた。敵の増援を警戒してすぐさま小荷駄隊に混ざり、「六、七十騎」で岡崎山へ移ったのだ。

景虎はそこで「青龍の備《そなえ》（隊形）」を整え、乱れた軍勢を整え直した。景虎が得意とする「諸兵《しょへい》科連合《かれんごう》」の隊形をなしたのだろう。俗にいう〝車懸《くるまがか》りの陣〟で、敵軍が迫れば、小旗《こはた》・弓・鉄炮・長柄鑓《やり》・騎馬などの諸兵科を連携させて、敵軍の前線隊形を崩し、一気に本陣奥深くへ突き進んで、痛打を与える戦術隊形である(24)。

横瀬成繁の現実的決断

続々と集まる報告を受けて、横瀬成繁は応戦準備を整えた。しかし慌ててはいけないと思ったらしい。動静を慎重に観察しながら、景虎の鋭鋒を避けることにしたのだ。齢《よわい》47の成繁は、老練な現実主義者であった。

景虎は上機嫌で佐野方の城へ移った。その素早い動きに舌を巻いた成繁は「口惜しい」と悔しがったというが、本心では胸を撫でおろす思いでいただろう。

このあと、成繁は生き延びた野村源七郎と梅田半九郎を呼び出すと、褒美として永楽銭《えいらくせん》五貫を与え、自害した金井宗清を「景虎ほどの大将に対し、あれの物言いは、慮外千万であった」と非難した。トカゲの尻尾切りである。こうして横瀬方は親景虎方として意見をまとめたのだった。

なお、群馬県桐生市広沢町にはかつて「金井神《かないかみ》」という字《あざ》があり、その地に茶臼塁を守った「金井田左衛門佐墓」が、近代まで残されていたという。宗清の勇気は、主人にこそ評価されなかったが、現地では一目置かれ続けたようである。

佐野豊綱と昌綱の判断

さて、唐沢山の佐野方である。

景虎は渡良瀬川《わたらせがわ》を渡渉《としょう》すると、迫間《はさま》（足利市迫間町）の山地で食事を摂った。そこから岡崎山に進むと、下野唐沢山城（栃木県佐野市）の佐野豊綱《とよつな》が、弟の昌綱《まさつな》をその出迎えに派遣した。佐野家は上杉憲政の属将である。憲政を奉戴して越山した景虎を、無下《むげ》にはできない。筋目にしたがって歓待することにしたのである。

昌綱は景虎を唐沢山城まで警護した。城内に引き入れると、猿楽《さるがく》を催すなどして越後勢を3日ほど饗応した。この頃までに成繁らは景虎と和睦したようである。現地諸士に武威を示した景虎は満足して平井城へ戻り、その後、越後へと帰陣した。

このためだろう。同年9月11日、北条氏康は景虎に同調した「佐野・新田領」に放火を命じている(25)。「景虎とその与党を許さない」と意思表示するため、報復活動を行なったのである。

なお、景虎は関東で奪還した地を、継続的に支援していなかったので、すぐ北条軍に取り戻されたようだ。その証左として、翌年末に氏康が上野で禁制を発している。

上杉藩の『謙信公御年譜』がこのときの作戦行動を一切記録していないのは、上杉家にとって、平井城があっけなく奪い返されたというのは不名誉かつ重要ではない事件と見られ、積極的に語り継がれず、忘れ去られてしまっていたからだろう。

北条軍の反撃

はじめての越山は、ここまで一応、首尾よく果たされた。

出陣中、景虎は不安でいっぱいだったかもしれないが、強硬姿勢を貫いた。

この越山でその個性を発揮したのは、景虎ひとりではない。その場とそのときの空気をよく見て、的確にダメージコントロールした横瀬成繁。機を見るに敏な佐野豊綱・昌綱兄弟。その後の関東戦国史を飾る群雄が、それぞれ色鮮やかに輝いたのだ。

はじめての越山は、憲政を平井城へ戻し、周辺の群雄に睨《にら》みを聞かせることで終了した。景虎は「めでたし、めでたし。あとは任せたぞ」とばかりに気持ちよく引き揚げた。

何事もなければ、景虎が再び関東に入る必要などない。だが北条氏康はすぐに逆襲を開始した。佐野領を脅かしたあと、平井城の憲政を再び圧迫したのである。横瀬と佐野だけでは、これを止められない。追い詰められた憲政はまたしても越後へ逃亡。かくして平井城は二度奪われたのだった。

これですべてはふりだしに戻る。天文21年（1552）の越山は、憲政の復権が目的だったが、それは「居城を取り戻す」だけで果たせないことが証明されたのである。ここから約8、9年間、憲政は越後で「成悦」の法号を名乗ったあと、その後「光哲」に改号して、沈黙することになった。失意に打ちひしがれ、隠遁していたのだろう(26)。

第2節　簗田晴助という男――古河公方の外戚を賭けて

公方外戚・簗田晴助の憂悶

関東の古河公方・足利晴氏《はるうじ》は、下総《しもうさ》の古河城を拠点としていた。古河公方は、京都の足利将軍の代理として、関東の武家社会でだれよりも高い地位にあった。関東で次に偉いのは、補佐役の関東管領職の上杉家だった。

公方の側近である「宿老」の簗田晴助《やなだはるすけ》（1524〜94）も相応の権勢を誇っていた。晴助は、同国の関宿城《せきやどじょう》を拠点としていた。

晴助は北条氏康（1515〜71）をライバルと見て、闘争心に燃えていた。向こうは晴助をそう見ていないかもしれないが、氏康をこのままにしておくと、簗田一族は単なる一領主に転落させられてしまう。晴助は「それは嫌だな」と眉を曇らせていただろう。だが、まだしばらく本心を隠し、笑顔の仮面をつけておく必要があった。ことの経緯を簡単に見ていこう。

脅かされる公方外戚の地位

晴助の妹は、晴氏の正室である。かれは公方の外戚にして、宿老であった。しかも「晴」の一字

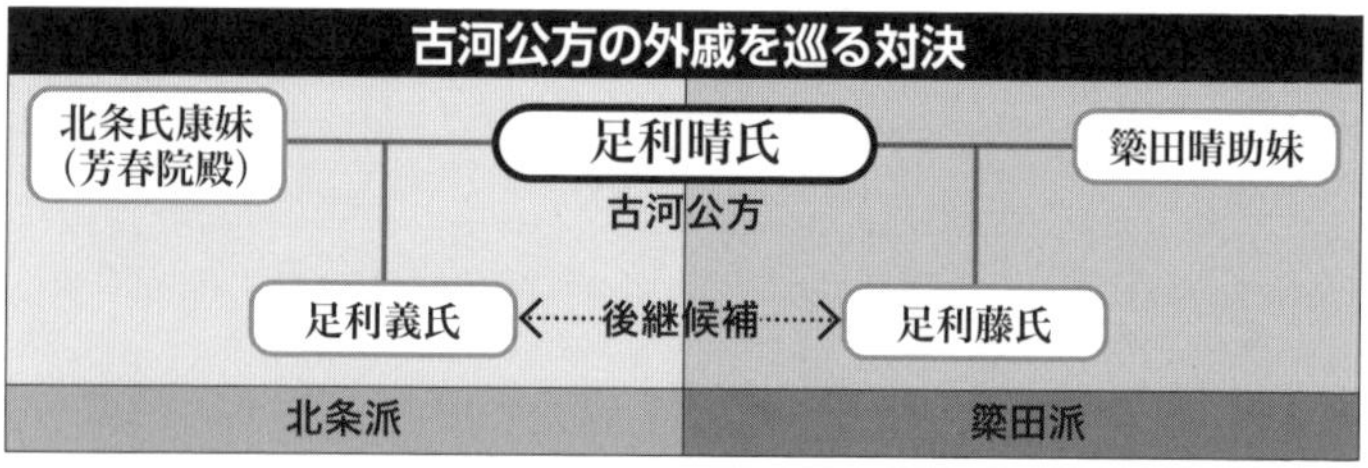

を与えられていることから、信任の厚さは一目瞭然。関東では、だれもが晴助に無礼のないよう気を遣っていた。

　晴助の関宿城は、船舶が多く集まる河川町を抱えている。ここから南に流れる大利根川《おおとねがわ》と、西に流れる小利根川《ことねがわ》一帯の水運利権はとても大きい。簗田家は以前から関宿の「舟役」を公方に託され、「利根川舟路《ふなじ》ならびに古河へ通る商人」の安全も保証されていた(27)。この地を得れば一国に値すると言われるほどで、これが晴助の家格と実力を補完していた。

　さらに簗田家は、相馬氏や一色氏など、周辺の名族とも深い繋がりを持っていた。これらは経済力や軍事力だけで結べる縁ではない。公方の威光あってのものだった。

　関宿城は晴氏が拠点とする古河城のすぐ南東にある。そこからまた少し南西に向かうと武蔵の岩附《いわつき》城がある。岩附城は有力武将・太田資正《すけまさ》の居城であった。資正もまた古河公方家臣のように屹立しており、その軍事的防衛網は盤石であるかに見えた。

　だが、かれらの立場は危うくなっていく。想定外の「他所者」が巨大な力をつけていたのである(28)。「他所者」とは、相模の北条氏綱《うじつな》である。

当時北条家の当主であった氏康の父・氏綱は関東諸国の紛争で武名を挙げ、軍事的・政治的存在感を増していた。しかも天文7年（1538）10月、古河公方の天敵である下総の小弓《おゆみ》公方・足利義明《よしあき》と国府台《こうのだい》合戦で争い、これを戦死させた。

こうして古河公方の功臣トップになった氏綱は、大きな発言力を獲得する。足利晴氏は梁田晴助の妹（姉ともいう）を娶っていたが、氏綱がここへ自らの娘である芳春院殿（北条氏康妹[29]）を送り込み、晴氏の「御台《みだい》」（妻）とさせたのである。晴氏と晴助妹との間にはすでに長男（後の足利藤氏《ふじうじ》）がいたが、芳春院殿もまた男子（後の足利義氏《よしうじ》）を産んだ[30]。

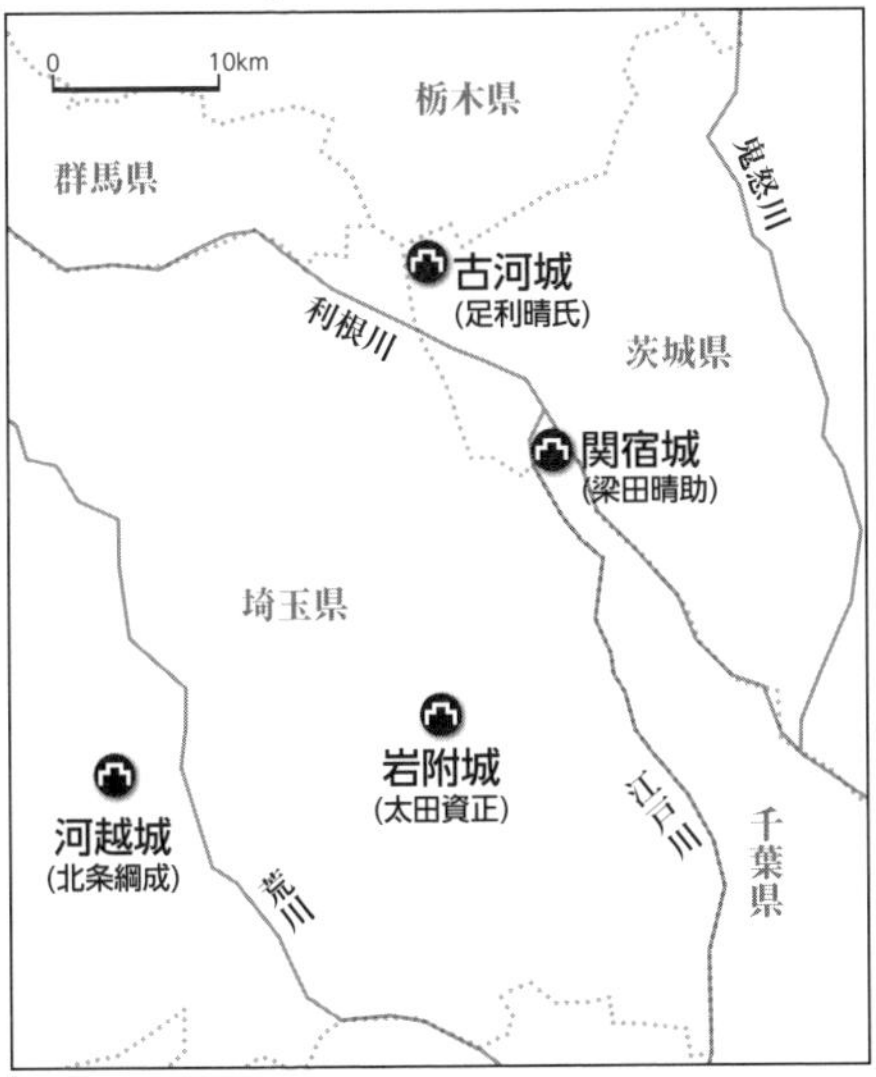

北条氏綱は、もとを正せば西国《さいごく》[31]の伊勢《いせ》氏の出身である。それが関東で古河公方の外戚になるなど、僭越《せんえつ》も甚だしい——そう思うと、晴助はその身に虫酸《むしず》が走ったことだろう。

関東の伝統的な領主たちにとっても面白かろうはずがない。だが大国の大名である氏綱の実力は、すでに並ぶ者がない。独力で拮抗できる勢力は関東にいなかったのである。このため晴助は「いまに見よ」と思っていても、黙って従うほかなかった。

北条氏綱の死

天文10年（1541）7月、晴助にとって大きな転機が訪れる。氏綱が病死したのだ。

ここで古河公方とその宿老たちは、反北条派の姿勢を堅持する関東管領・上杉憲政と共闘することを決断する。この機に、氏綱の跡を継いだばかりの北条氏康を叩き潰そうとしたのである。

同年正月、晴氏と芳春院殿の間に息子（後の義氏）が生まれていたが、晴氏はすでに憲政や晴助らとともに反北条派として争う覚悟を固めていた。かれらは北条一族が邪魔で仕方がなかった。

しかし、待っていたのは無残な敗北だった。5年後の天文15年（1546）の河越夜戦（砂窪合戦）で、完全なる敗北を喫したのだ。これで氏康は亡父以上の権勢を誇るに至った。古河公方・足利晴氏は憲政と組んで、北条家を滅ぼそうとしたのだから、戦後処理は複雑であった。氏康としては亡父が敬い続けた古河公方を廃するわけにはいかない。このため晴助が、主人に代わって頭を下げ、また合戦の主体は晴氏ではなく、憲政だったことにして、処理されることになった。

北条の台頭ぶり

天文20年（1551）12月11日、簗田晴助は北条氏康に、簗田家が「関東中諸侍《しょざむらい》」から孤立しないよう計らうとの言質《げんち》を取り付けた（五箇条の起請文(32)）。これまでの経緯から、氏康は晴助の立場と実力に一目置いていたのだろう。だが、油断はしていなかった。先の合戦を主導していた者のひとりが晴助であると睨んでいたらしく、この起請文で、もし晴助が「御覚悟相違（掌を返す真似）」や「御表裏（二枚舌）」を企んだら、神罰を被《こうむ》るぞと脅すことを忘れていなかったのだ。

簗田一族をも屈服せしめた北条軍の勢いは、いまや絶大である。関東諸士は、次々とその傘下に組み込まれつつあった。

翌年、晴氏は次男である足利義氏に家督を譲った。義氏は芳春院殿の息子であり、氏康の甥であった。もともと、長男の足利藤氏が後継者として決まっていたが、廃嫡されたのである。藤氏は、晴助の甥であった。

氏康はついに外戚の地位を、簗田晴助から奪い取ったわけである。先の起請文は晴助の謀反フラグが立つのを回避するための対策であったのだろう。だが、晴助は抑えられても、義氏と藤氏の不満は抑えられていなかった。

天文23年（1554）10月、古河城の足利晴氏・藤氏父子が氏康を討つべく挙兵した。しかし簗田晴助の協力を得られていないところを見るに、満足に準備を整えられなかったらしい。氏康が急ぎ大軍を集めて、反抗勢力を各個撃破する。晴氏らは即座に降参した。
これで関東の運命は決まった。北条の天下である(33)。

河越敗戦の後始末

もと公方・足利晴氏は北条軍に拉致されて、相模波多野《はだの》（神奈川県秦野市）に移送後、幽閉される身となった。古河の主人が不在になると、公方の家臣たちは晴助の顔を見た。晴助はかれらが骨抜きとなってしまわないよう、その再編に向けて蠢動《しゅんどう》を開始する。

一方、北条氏康も古河公方の外戚として、かれらの動きを抑える方策を推し進める。

永禄元年（1558）4月、晴助に古河公方・足利義氏の「御動座《ごどうざ》」のため、簗田家代々の居城である関宿城の明け渡しと、古河城への移住を要請したのだ。晴助がこれに応ずれば、莫大な利益を生む関宿城は氏康のものになってしまう。

もはや簗田家の立場は風前の灯といえた。それでも晴助は否を唱えず、古河城に移り住んだ。そして密かに知行地の検地を行ない、所領を恩賞として扱うことで、常陸川水域付近の武将たちを統制し、軍事力の再編を推し進めた。こうして簗田家は、太田資正《すけまさ》（後の三楽斎道誉《どうよ》）や小山高朝《おやまたかとも》など関東の群雄に並ぶ動員力の基礎を築いていく(34)。

とりあえず軍事力は確保した。もちろんこれだけでは大した兵力を集められず、北条軍に対抗する力はない。兵力ばかりか優れた指揮を執れる部将もいない。晴助は氏康への敵愾心を募らせ、できる限りのことを進めてきたが、なお独力のみで現状を打開する機会を作れずにいた。

簗田晴助の最終兵器・長尾景虎

先にも書いたように、簗田晴助の「晴」の一字は、古河公方の足利晴氏から拝領したものである。ただし晴氏は「晴」の一字を自分で名乗ったのではない。京都の将軍・足利義晴《よしはる》から拝領したものである。晴氏と義晴の交渉を仲介したのは、先に越後から関東越山を果たして上杉憲政を平井城に帰還させた長尾景虎の兄・晴景《はるかげ》であった。

長尾晴景はすでに景虎に家督を譲っており、ほどなくして病死している。

晴助はここで閃《ひらめ》いた。

景虎の軍勢を再び関東に呼び込めば、北条軍と勝負できるかもしれない。そう考えたのである。

関東全土を巻き込む大博打

天文21年（1552）に一度越山した景虎は、その後は信濃で甲斐《かい》の武田晴信《たけだはるのぶ》（後の信玄《しんげん》）と軍事衝突を繰り返していた。晴信と争う中小の領主たちを助けるためであった。

はじめ景虎は武力だけで晴信を追い払うつもりでいたが、晴信は戦略に長けていた。周辺勢力の攻略、外交関係の活用、新たな要害の構築など、武力以外の手を打ち重ね、越後兵の泣きどころを巧みに衝き、これを翻弄していった。

景虎が晴信と戦っている頃、上杉憲政は北条軍に圧迫されていた。両者の戦力差は比較にならない。勝ち目なしと見た憲政は、再び越後に亡命することになった。

若い景虎は関東と信濃から亡命する侍たちを受け入れ、旗本の増強に努めている。

もしここに廃嫡された足利藤氏と、簗田晴助が働きかけて、景虎を再び越山させれば、面白いことができるだろう。北条政権には不満を抱える旧族諸士が多い。志を同じくする者たちが、景虎の越山と同時に挙兵して、北条軍の陣営を攻めれば、これを関東から駆逐することも夢ではないのではないか。

ただ——以前の越山で見た景虎は、粗野な武力馬鹿でしかなかった。「他所者」という点で見れば、北条家と同じで、しかもかなりの礼儀知らずである。景虎は合戦が得意だが、短気であった。援軍に招いたところで、誇り高い関東諸士と、また悶着を起こす可能性が高い。そうなったらどんな災厄を招くか予想できない。それでもこのままだと、氏康に古河公方外戚の地位を奪い取られてしまう。簗田晴助は出来るだけ早く覚悟を決めなければならないのだ。

景虎を再び関東に招くべきか否か——。危険極まりない賭けが晴助の胸を高鳴らせた。

第3節　里見義堯という男（前編）――簒奪者の登場

狙われた房総の雄

時を少し前に戻そう。上杉謙信の父・長尾為景《ながおためかげ》が越後の統制を固めている頃、房総《ぼうそう》半島に関東屈指の雄将が独立を果たした。「関東無双の大将」を謳われる安房《あわ》（千葉県南部）の大名・里見義堯《よしたか》（1507～74）である[35]。

その祖先は、美濃円興寺《えんきょうじ》を領した美濃里見家だった（『尊卑分脈』）。足利幕府草創期の争乱で、西方から東遷《とうせん》した武士は多い。安房に移った里見家は十村《とうむら》城（後の稲村《とうむら》城[36]）を拠点に領土を拡げた[37]。

安房里見家は、鎌倉公方奉公衆《ほうこうしゅう》の一員である。奉公衆とは、公方に直属する側近たちで、里見家は代々にわたり、鎌倉公方・足利家の近習として仕えてきた。

だが、関八州のトップであるべき公方さまが分裂した。

16世紀前期、古河公方・足利高基《たかもと》（1485?〜1535）の弟・義明《よしあき》が、永正《えいしょう》15年（1518）に下総小弓城へ移り、独立の構えを見せたのだ。骨肉に優れる義明はおのれの武勇に自信があった。

ここに小弓公方・足利義明が誕生する。古河と小弓の公方が睨み合い、関東は二つに割れた。里見一族は小弓公方についた(38)。

古河公方には管領の上杉家がいたが、小弓公方には管領がいなかった。そこで里見義通《よしみち》（義堯の伯父）が、管領の美称「副帥《ふくそつ》(39)」として義明支援を表明した。ただし度重なる敗戦で衰退する上杉家と、これから勢力拡大を目指す軽輩の里見家は、領土が離れていることもあり、お互いをライバル視することもなく、より身近な敵と向き合っていく。敵ながら利害が一致していたわけである。

近習出身の里見家には、管領の名乗りに見合う所領がない。そこで反古河派の者たちを味方につけ、房総に「押領」を重ねて私領を拡げた。上総の有力領主で野心家の真里谷《まりやつ》（武田）信清《のぶきよ》が、力強い相棒となった。その押領は「公方さまのご威名に背く不埒者め」という方便に支えられただろう(40)。こうして息子・義豊《よしとよ》の代までに外様大名も同然の実力を身につけた。

だが、強引な領土拡大は行き詰まりを見せる。房総半島の面積が限られていることもあるが、後ろ盾の小弓公方が、古河公方に比べて伸び悩み、実力差が開いていたのだ。父亡き後の義豊に、相模の小田原城主・北条氏綱が目をつける。

氏綱は古河派である。ほかの古河派から「他所者」扱いされていたが、実力は随一である。氏綱がかれらに認められるためには、だれよりも伝統と権威を尊重する姿勢を見せて、なおかつその実力を誇示する必要があった。

このため氏綱は、房総にある小弓派の真里谷氏と里見家を相手とする闘争を開始した。同時に小弓派からの鎌倉防衛にも努めた。

北条氏綱の造営工作

天文2年（1533）3月12日、その氏綱が、鎌倉の鶴岡八幡宮を造営するための勧進（寄付）を求めて、義豊のもとへ「少《小》別当(41)」の大庭良能《おおばよしただ》を派遣した(42)。もちろん古河派である氏綱の要請を、小弓派である義豊が「わかった」とうなずく道理などない。それでも氏綱は、自らの書状を持たせて小別当を送り出した。

ところでこのやり取りには仲介がいたはずである。考えられるのは、安房妙本寺《みょうほんじ》である。鎌倉から房総に入る際に、船の往来が平易であり、さらに窓口となるところに位置していた。また、宗教家は武家の外交関係において、中立の立場を通すのが慣例である。妙本寺と里見家の関係も親密だった。そしてなにより妙本寺は鶴岡八幡宮若宮別当の支配を受ける寺院だった(43)。北条から復興事業の使者が来れば、仲介を断るわけにはいかない。

こうして妙本寺は、そこから稲村城へ向かう通り道近くの金谷城主の里見実堯《さねたか》および造海《つくろうみ》城主の真里谷信隆《のぶたか》（信清の息子）へ使者を案内したと思われる。

ところが交渉はあっさり破綻した。4月11日に鎌倉へ戻った小別当が、「真里谷信隆はじめ房総衆（義豊たち）が勧進を拒否しました」と報告したのである。当然の結果だろう。これはすべて氏綱の計算通りだったかもしれない。

誅殺の背後に動く巨影

鶴岡八幡宮の勧進拒否事件から3カ月が過ぎた7月27日の夜、義豊は、叔父・実堯および正木道《みち》綱《つな》を稲村城に呼び出すと、その場で誅殺した(44)。

義豊からすれば、敵の氏綱から派遣された使者が国中を渡り歩いたとあれば、警戒心を強めるのは当然である。普段より動向の怪しい者たちを調べあげ、とりわけ逆心の疑いが強い実堯と道綱から始末しなければと思ったのだろう。

実堯の遺児・義堯は、事態を知るなり、守りの手薄な金谷城を出て、防御力の高い造海城へと避難した。信隆はこれを快く受け容れた。これを見た氏綱は三男の為昌《ためまさ》に「安房まで進軍せよ」と軍令を発した(45)。

日我の安房入国と天文の内訌

天文2年（1533）7月以前のこと、日蓮宗の僧侶である日我《にちが》（1508〜86）が、それまで修学していた九州地方の日向《ひゅうが》から学頭坊・日杲《にっこう》の代官として妙本寺に派遣されることになった。日杲は、吉浜村の地頭で義豊の副将でもある糟屋《かすや》石見守《いわみのかみ》に「まだ26の若輩ですが、日我を万事よろしくお願いします」と依頼した。恩師の日杲から「必ず出世する男だ」と才気を買われ(46)、畿内でも門徒一同が門流の希望と見るほどの英俊であった。

しかし未来の見通しがいきなり真っ白になった。ここ妙本寺で、義豊と義堯による「天文《てんぶん》の内《ない》訌《こう》」が始まったためである。

妙本寺はこれまで何度も義通・実堯兄弟に陣所・要害として使われており、今回も争乱に巻き込まれる可能性が高かった。予想通り、義豊の兵たちが寺を拠点に居座り始めた。新参の日我にすれば「ちょっと待ってくれ」と言いたくなる事態であった。

同月下旬、北条為昌の水軍が妙本寺の海岸に迫った。かれらは過去に近隣の山林を崩落させ、伽《が》藍《らん》を破壊したことのある憎むべき軍勢である。そこへ義堯方の正木時茂《ときしげ》とその弟・時忠《ときただ》も駆けつけて、寺に籠る義豊軍と激突した。北条軍の味方する義堯軍と、義豊軍が妙本寺で干戈《かんか》を交えたのである。

義堯方の時忠が、義豊方の糟屋石見守を討ち取った。勝敗はこれで決まった。境内に飛び散る血肉、苦痛を訴える侍の悲鳴、その命と物品を奪う反乱軍たち――。義豊方敗退の惨劇が目の前に広がると、さすがの日我も青ざめたに違いない。房総は想像を絶する修羅の国だった。

他国からの援軍で勢いづいた義堯は、稲村城に迫った。すると義豊は居城を捨て、真里谷信清のいる上総へ逃れた。

天文3年（1534）4月、義豊は義堯から安房を奪還しようと南進したが、安房犬掛（南房総市犬掛）の合戦に敗れて殺害された。天文の内訌は義堯の勝利に終わったのである。

義豊とその配下の首を得た義堯は、この「義豊為始数百人」の首級を、事もあろうか北条氏綱のもとへ送りつけた(47)。なんということだろう。義豊の逆臣誅殺は、こうした下克上を抑止する正当防衛で、亡父の仇討ちとして決起した義堯はその義豊を討ち、事実上の簒奪者(48)として安房に君臨したのである。

こうして義豊の所領は、すべて義堯のものとなった。義堯が北条の傀儡として君臨する未来を想像すると、日我の背筋は凍りついただろう。世俗の欲望は救いがたいと思ったかもしれない。

ここに「房州守コ《(護)》(49)」として、安房大名・里見義堯が誕生したのである。

第4節　里見義堯という男（後編）——天文国府台合戦

油断ならない古河一派

前節では、里見義堯が安房の大名となるまでを見てもらった。今回は義堯とその友になる日我との邂逅《かいこう》を見てもらおう(50)。

義堯が安房一国を手中に収めると、荒廃した国土に下総の兵が姿を現す。古河公方の宿老である簗田晴助が威力偵察にやってきたのだ。義堯は北条氏綱と同じ古河派なのに、晴助は敵味方関係なく領土的野心を隠さなかった。警戒した正木時茂が手勢を率いて近づくと、晴助は撤退した(51)。

氏綱は晴助と不仲なので、義堯との関係を取り持とうとはしてくれなかった。ここから義堯は古河派への不信感を募らせていくこととなる。

日我と簒奪者の対面

ほどなくして日我のいる妙本寺を義堯が訪問した。

天文4年（1535）10月14日のことである。それまで各地で日蓮宗《にちれんしゅう》の法華《ほっけ》談義を聴講してきた義堯は、日我に案内された道場で、日蓮大聖人の御影像《みえいぞう》を拝見すると、「妙本寺よりも小湊《こみなと》の誕生《たんじょう》寺《じ》にある画像がお若いようですね」と的確な観測を述べ、日我を驚かせた。義堯はまだ29の若さであるが、宗派に関係なく仏教や芸術への造詣が深かったのだ。

義堯はさらに質問を重ねていく。そこには真摯な信仰心がありありと感じられた。一定の教養と思考を要する高度な質問もあって、その知識が付け焼き刃ではないことが看《み》て取れた。義堯は書物の文字を目で追って、暗記してきただけの衒学《げんがく》的秀才ではない。書物にある言葉を胸のうちに染み込ませたうえで、自分の体験を重ね合わせ、成長の糧《かて》とする志の高い若者だったのだ。日我は過去に20余年、さまざまな俗界の人と問答したが、ここまで「賢察」な人ははじめてだと驚いた。

義堯は、簒奪者として血に塗《まみ》れる自身の運命を憂えているようだった。問答を繰り返すうち、堰《せき》を切ったように、次々と質問を発してきた。

曹洞宗《そうとうしゅう》の義堯は「こんな自分でも法華経に帰依したら、救われるのだろうか」と思い、日我に「他国に計策を廻らせ、あるいは人の所領を取り、あるいは物の命を殺し」ている「悪人」が、成仏を望めるだろうかと尋ねた。すると日我は経文を引用しながら「問題なく成仏できます」と明言した。咄嗟《とっさ》の質問にひとつひとつ論理的に応答して、眼前の「悪人」を救わんとしたのである。

逃れがたい戦乱と、その勝敗に端を発する自責の念に苦しんでいた義堯は、覇道へ一路に突き進む「大俗」ではなく、おのれの道に迷い続ける「大俗」だった。日我は自らを「悪人」と蔑む義堯の問いすべてに返答し終えた。

義堯は、三浦半島の戦場に赴くところだったと言い残して、その場を去った。

問いを受けた日我は、聡明にして孤独な簒奪者との出会いに心を揺さぶられたのか、この対話を翌日さっそく『堯我問答《ぎょうがもんどう》』として書き残した(52)。ふたりの絆はこの日から「四十余年之御懇切《ごこんせつ》・御《ご》重恩《じゅうおん》(53)」を絶やすことなく、続くことになる。

古河派から小弓派へ寝返る

天文6年（1537）5月16日、里見義堯は北条氏綱からの「心替《こころがわり》」を決断した。寝返りである。小弓公方の足利義明に臣属して、古河派の敵に回ったのだ(54)。

気が大きくなったのか、義明は下総・上総・安房の領主たちに大動員令を発した。氏綱から鎌倉を奪い返さんとしたのである。事態を聞いた氏綱は、迎撃準備に取り掛かった。

こうして翌年（1538）10月、国府台《こうのだい》合戦の戦端が開かれる。

この合戦を描写する文献に、義堯の業績を称える近世軍記『里見九代記』を始めとする読み物がたくさんあるが、どれもお約束めいた場面描写が売りのフィクションで、史実探究の参考とはならない。同時代の文献では、まず『快元僧都記《かいげんそうずき》』の記録が有用となる。そして軍記では、合戦後に北条家臣が書いたと見られ、里見の二文字が一切登場しない『小弓御所様御討死軍物語《おゆみごしょさまおうちじにいくさものがたり》』が有用となるだろう。両書を参考に、合戦の全貌を概観したい(55)。

天文の国府台合戦

10月2日、氏綱は長男の氏康と共に出馬した。4日後の同月6日、武蔵江戸城を通過して、翌7日に現地到着した。

このときすでに小弓公方・足利義明は、里見義堯を連れて下総の国府台《こうのだい》（「鵠台」）に出陣していた。その兵数は2000余騎。対する北条氏綱の兵数は3000余騎だった(56)。

合戦前、古河の管領・上杉憲政は、義明の作戦目標を関宿城だと唱えて周辺勢力の不安を煽った(57)が、この人は生まれついての軍事音痴と言われ、しかもこのときは実戦経験も乏しいので、この観測を当てにするわけにはいかない。

足利義明は通説で言われるように、江戸城を踏み潰し、鎌倉を制圧することこそ最善のシナリオと考えていたのだろう。小弓軍には本隊と先手隊の二隊があって、義明の近習と上総・下総からなる本隊は国府台（現・里見公園付近）に、義堯が率いたと見られる先手隊は国府台北方の「松戸台」なる山地（現・松戸相模台公園付近）に布陣した。

これまで氏綱は義明の宣戦布告に対して、「古河公方と小弓公方のどちらも尊いお方なので、自分は筋目に背きたくありません。ご容赦ください」と自重するよう懇請を繰り返していた。そのため対峙したときも遠慮して遠方に布陣した。

氏綱の態度を弱腰と見た義明は、月毛色《つきげいろ》の愛馬に跨《また》がり、突撃を命令した。恐れ多いと驚いた北条軍は、後退を開始する。義明はここで調子に乗らなかった。「待ち戦」を宣言して、山地へ移動すると、弓射を仕掛けさせたのだ。北条軍も応戦する。こうして朝から夕方まで矢戦が続けられた。

この間、氏綱は「ここで争えば筋目に背くことになる……」と悩んでいたが、やがて「逃げていても、滅亡するだけではないか」と思い直して反撃を決断した。軍扇を氏康に預けるなり、自ら馬上の人になって、旗本とともに前線に向かったのである。すると義明の旗本は「岩盤石《がんばんじゃく》」「鉄《くろがね》の築地《つきじ》」と呼ばれるほど堅固に身構えていた。普通に戦って勝てる様子ではない。

ところが氏綱は一枚上手だった。少数の別働隊を編成して、義明本隊の背後を狙わせたのだ。義明の旗本のうち、血気に逸る若い兵たちが別働隊の挑発に乗り、応戦に出向きはじめた。鉄の布陣が、にわかに乱れを見せたのである。

氏綱の狙いはここにあった。いまぞとばかりに氏綱の旗本が義明の旗本に殺到する。挟撃された義明の本隊が崩れ、乱戦が始まった。義明は、もともと兵力差で劣っていたのに、先手隊を後方に残したままだったので、ますます不利に陥ってしまう。

踏みとどまる一族衆が、次々と戦死する。馬上で応戦する義明も三浦城代の横井神助《よこいしんすけ》に落馬させられ、松田弥次郎に首を獲られた。息子たちと重臣たちもこれに続いて戦死した。小弓公方滅亡の瞬間だった。

義明の首は古河公方のもとへ送られた。氏綱の武功は古河公方から譜代以上と高く評価された。

今回なにもしなかった憲政を差し置いて、「官領《管領》」に任ずる指示書を下されたのだ(58)。

無傷で合戦を終えた義堯の決断

当時の記録を見る限り、本隊の崩壊を遠望した義堯は、小弓城を焼き捨てて、安房へ撤退したらしい。近世軍記のなかには、義堯が氏綱相手に奮闘したように描くものもあるが、実際はそんなこともなく、ほとんど無傷の状態で戦場を去ったのだった。

帰国した義堯は少し考えたあと、下総・上総両国に兵を進ませた。旧小弓派の領土を押領して、さらなる勢力拡大に励んだのである。大きな反抗はなかった。現地領主たちも小弓体制の消滅にどうしていいかわからず、義堯の保護を受けることにしたのである。

ここに義堯は房総を拠点とする関東屈指の大勢力を有することになった。戦国の大雄として独力で生きることになったのだ。

里見義堯に捧げられた評価

その後、義堯は「萬民《ばんみん》を哀《あわれ》み、諸士に情《なさけ》有て、国をおさめ世を保ち」続けることに専心した。義堯は上杉謙信や織田信長のように神格化されることはなかった。しかし義堯が亡くなると、日我はかれを「関東無双之大将」だったと評した（『日我百日記(59)』）。

かつて義堯は日我に向かい、自責の念に苦しむ気持ちを告白した。これを諭《さと》されたあとは、臣民の生活に心を傾け、君主の責任をまっとうした。その姿を見ていた日我は、義堯を業績の高さではなく、苦悩に負けず誠実に突き進んだ生きざまをもって「無双」と評したのかも知れない。

過酷な生において、己を知る友が側にいたのなら、義堯こそは「関東無双」の幸せ者だったと言えるだろう。

《番外編・壱》　妻帯説の検証

「越後府中御新造」の発見

上杉謙信は生涯不犯《しょうがいふぼん》だった（生涯異性と交わらなかった）というのが通説であった。ところが近年、謙信に妻帯の可能性があることが指摘されはじめた(60)。早速ながら謙信妻帯説の根拠となる史料を見てみよう。『越後過去名簿(61)』と呼ばれる過去帳で、その信頼性はとても高いと見られている。これにより情報が改められたところも少なくない(62)。

越後府中御新造ノ御内宮崎御松子
昌栄善女　逆　永禄二年四月一日トリ次東易談義所ニテ

ここに「昌栄善女」なる女性が、逆修（生前供養）されている。重要なのは右下の説明文に、「越後府中(63)」の「御新造《おしんぞう》」と見えるところである。おそらく「昌栄善女」がこの「御新造」で、彼女を供養したのはその「御内宮崎《みうち》」の「御松《おまつ》」の子女だろう(64)。御新造は現代語にするなら、「貴人の新妻《にいづま》」に相当するが、一番新しい妻という意味もあり、婚姻関係を結んでから何年経っても「御新造」と呼ばれ続けることがある。

この史料により「越後府中御新造（昌栄善女）」を謙信の正妻《せいさい》（正室）ではないかとする解釈が示された。もちろんこれ一点のみで確言はできないし、彼女を謙信の妻と仮定するには、なぜ謙信を生涯不犯だったと語る伝承がほとんど抵抗なく浸透されたのか、その解き明かしや、その他の判断材料が欲しいところである。

長尾為景と夫人の供養

ここで妻帯説を検証するため、同史料を見渡してみよう。まずは謙信の実父・長尾為景の供養記録である。

府中長尾トノ御菩提タメ立之
道七沙弥　天文十辛丑十二月廿四日

この人物は戒名の「道七」と命日が一致することから、長尾為景と確定できる。享年56。その為景が亡くなった天文10年（1541）から2年後の同12年（1543）、為景夫人も亡くなった。彼女の享年は不明である。

天甫喜清　　府中御新造サマ
　　　　　　天文十二　五月七日

この「天甫喜清」は、謙信実母の戒名と同じで、命日も一致する。この未亡人は為景の死後2年になっても「府中御新造サマ」と呼ばれていたことがわかる。

ここから、このときの越後府中近辺に、彼女以外の「御新造」がいなかったことが見えてくる。「御新造」といえば、為景夫人だったのである。

長尾晴景の供養

ということは、家督を継いだ長男の晴景には、このとき「御新造」と呼べる女性がまだなく、独身だったことになろう。これより8年後の天文20年（1551）、その長尾晴景が死去した。享年は不明である。

華嶽光栄　　府中長尾為弥六良トノ
　　　　　　天文廿　二月十日　蔵王院トリ

戒名と命日から、府中にいた長尾晴景の菩提を弔った記録と認められる。

遡《さかのぼ》ること3年前、天文17年（1548）の歳末、春日山城で越後守護代の職にあった晴景は、末弟の謙信に家督を譲った。一次史料および二次史料において、晴景は病弱だったと伝えられており、謙信に家督を譲ったのもそのためだった。当主としての重責だけでなく、自らの身命を保つ体力にも恵まれなかったのである。

中継ぎ当主・長尾景虎と猿千代

19歳で家督を受けた謙信は、長尾家当主となったが、その立場はいわゆる中継ぎで、晴景長男の「猿千代(65)」を養嗣子に定め、成人したら家督を譲るよう約束していた。謙信が生涯不犯を誓ったのはこのためだったという(66)。

晴景の長男は、幼名から申《さる》年生まれと考えられる(67)。するとその生年は、謙信が家督を相続した天文17年（1548）であろう。その12年前である天文5年（1536）も申年だが、先述したようにこのとき晴景はまだ独身だったと考えられる。謙信が守護代となったとき、猿千代は1歳（数え年）の赤子だった。

ところが猿千代は、若くして早世する。父に似て、病弱だったのだろう。享年は不明だが、謙信は次の養嗣子として、永禄2年（1559）に姉の次男である5歳の卯松《うのまつ》（長尾顕景《あきかげ》、後の上杉景《かげ》勝《かつ》）を迎え入れた(68)。猿千代が同年まで生きていたとすれば、12歳で亡くなったことになる。

「越後府中御新造」の人物比定

さて、ここで最初に見た「昌栄善女」である。彼女は卯松が謙信の養嗣子となる同年に「越後府中」で生前供養された。

もしこの時点で妻がいたら、謙信はまだ30歳の健康体なので、自身で実子をもうけるほうが、養嗣子を貰うより合理的である。そうしたところで、非難されることなどないはずだ。だが、謙信はそうしなかった。猿千代が亡くなっても独身を通し、別の養嗣子に迎え入れた。それが亡き兄に対して通すべき「節義」だと考えたからだろう。謙信は、自身の名誉を第一に考える武将であった。

春日山の謙信と府中の御新造

守護代になってからの謙信は「府中」ではなく、「春日山」に在住していた。

　　　　春日山平三立之
上椙頼房御菩薩　天文廿二　十月十二日

こちらは春日山城の平三《へいざ》が、上杉頼房《よりふさ》を弔ったもので、景虎の仮名《けみょう》がその平三である。この記録は、天文22年（1553）の謙信が春日山城に居住していた事実を示している。その後、謙信が春日山城から府中[69]に移転した様子はなく、「府中御新造」の「昌栄善女」とは、別の生活空間に起居していたことになる。

冒頭に示した「昌栄善女」の生前供養は、単体で見ると、謙信正室の可能性があると思えたかもしれない。だが、同史料を見渡してみると、このように謙信の妻である可能性は薄いと言わざるを得ない。以上の理由から、わたしは「昌栄善女」を謙信ではなく、兄である長尾晴景の未亡人だったと考える。

晴景が亡くなってから8年。猿千代の推定生年、当時の武家女性の初産年齢から類推して、「昌栄善女」はまだ「老母」や「御腹様」ではなく、「御新造」と呼ばれる年齢――20代半ばから後半ぐらい――だったと思われる[70]。

在家信者だった「昌栄善女」

その後の彼女の動静を伝える史料は、ほかに確認されていない。「昌栄善女」は、出家した女性の正式な戒名ではない[71]から、在家信者として俗体を通していたのだろう。どこか別のところに再嫁して、人生を再スタートした可能性も考えられる。林泉寺文書に見える「桂窓妙長大姉」が「おしんぞうさま」と記録されているので、こちらが彼女の正しい戒名なのかもしれない(72)。

ここまでの私見から当時の風景を描いてみると、こういうことになろう。春日山城に入った謙信は、府中に移った晴景夫妻を遠目に置いて国政に務めた。晴景亡きあとも約束を守り、実子をもうけない生活を通した。ところが猿千代は晴景夫人の手許で育てられながら、ついに成人することなく早世した。こうして謙信は、やむなく卯松を養嗣子に迎え直すことにした。

以上、謙信妻帯の可能性を示すといわれる記録を読み直し、このような状況があっただろうと考えた。皆さんも想像力を働かせてみてもらいたい。当否がどうあれ、それが歴史人物への供養となるだろう。

第5節　小田氏治という男（前編）――関東総進撃

未完のキング病没す

天文17年（1548）2月22日、南常陸《ひたち》の雄・小田政治《まさはる》（1492?～1548）が亡くなった。享年56という(73)。

その力量は高く評価されていたらしく、『菅谷伝記』は「常陸国小田の城主は讃岐守源《みなもとの》政治と申《もうし》て、累代《るいだい》の弓執《ゆみとり》にて武威《ぶい》関東に盛《さかん》なり。幕下には信太《しだ》（重成）範宗・菅谷《すげのや》勝貞、其外所々の城主、武備厳重也」と称えている。

ここにも記されるように、小田と信太と菅谷は三頭龍のように首をもたげて関東を睨みつけていた。ちなみに信太と菅谷は相性が悪く、何度か衝突したこともあるという。

さて、その小田政治には治孝《はるたか》・顕家《あきいえ》というふたりの異母兄がいた。政治がまだ5歳の頃、長兄の治孝を次兄の顕家が殺害したことで、一族争いが起こった。長く続いた争乱は顕家の死をもって終了し、家督は13歳になった政治が継ぐこととなったようだ。

当主の実権を得た政治は、小田領の拡大に努めて、その名を関東諸国に轟かせた。

この間、同国東部に位置する府中城の大掾《だいじょう》家や上総結城《ゆうき》家と抗争を繰り返した。上杉家とも常総地方の内海西岸部を巡る確執で争った。特に厄介な強敵は同国常陸に蟠踞《ばんきょ》する佐竹《さたけ》家だったが、政治は妹を嫁がせることで合体勢力を築き、府中の伝統領主・大掾慶幹《のりもと》をふたりで圧迫することにした。常陸はこれで一応の小康《しょうこう》状態を得た。

ちなみに政治には堀越《ほりこし》公方からの養子だったという説がある(74)。事実とすれば、京都の将軍・足利義教《よしのり》の孫ということになる。このような伝説からは、政治が小田一族屈指の〈キング〉として畏敬されていたことが想像される。

ただし政治が、高い力量で常陸の3分の1を支配するまでに及んだ(75)といっても限界はある。周辺領主たちから人質を取っているわけでもないので、かれらがいつ離反するかわからず、その支配力はまだ緩《ゆる》く、ある意味、未完のキングといえた。

政治が病没すると、その跡目は15歳（18歳説もある）の嫡男・氏治《うじはる》が継ぐことになった。政治は、息子が常陸のキングとして君臨する未来を夢見ながら息を引きとったことであろう。

小田氏治の内憂外患

小田家には名だたる服属領主が揃っていた。当時の状況を記す城主名簿『小田家風記』を見ると、先述したように、土浦城主の信太重成《しげなり》と藤沢城主の菅谷勝貞《かつさだ》の存在感が際立っている。

菅谷はかつて公方から感状を直に受けたほどの勇将である。信太重成は有能な一族を数多く従え、土浦も水面に浮かぶ堅固な居城である。先代・小田政治と苦楽を共にした同志として、ふたりとも頼もしいことこの上ない。

だが、それでも氏治を取り巻く環境はハードだった。

第一に内憂として、当主の氏治が年少であった。大名の言力は、その貫禄に相応する。政治の葬儀に参席した領主たちは、氏治の瞳よりも、互いの顔を見つめながら、だれが氏治の治世で主導権を握ろうと考えているか、あるいは裏切りを企んでいるかを訝《いぶか》しんだに違いない。当主交代直後の威信の低さをどう克服するか、それが喫緊の課題であった。

もうひとつの問題は外患である。右も左も前も後ろも油断ならない連中ばかりだった。政治の妹を実母とする同国の佐竹義昭《よしあき》は、亡父・政治と並んで「両虎二龍」と恐れられる強将だった（『菅谷伝記』『土浦城記』）。また、下総の結城政勝《まさかつ》も不倶戴天の憎むべき男であった。氏治は「あの野郎だけは油断ならん」と、唇を噛んでいたかもしれない。

政勝の勢力は大きかった。下野には門閥意識の高い小山高朝《たかとも》がいた。政勝の実弟である。同国の宇都宮俊綱《としつな》（尚綱）は政勝の妹を娶っていた。また同国の那須高資《なすたかすけ》も、結城と組んで小田を攻めたことがある。下野は結城派揃いの魔窟であった。

政勝は強欲にもこの常陸に侵略的で、政勝の手先である下館《しもだて》城主・水谷全芳《みずのやぜんほう》（治持）と綾戸《あやと》城主・山川氏重《うじしげ》が、小田方の真壁《まかべ》城主・道俊《どうしゅん》（家幹）と、かつて結城方から小田方に寝返った下妻《しもつま》城主・

多賀谷祥春《しょうしゅん》の様子を、舌舐めずりしながら見つめていた。これではいつ不測の事態が起こるかわからない。

ちなみに安房の里見義堯や、下総の千葉胤富《たねとみ》なども目を見張る勢いだが、遠方の領主なのでいまのところどうでもいい。

関東に扶植する北条政権

要するにどこを向いても屈指のならず者だらけであった。いずれも古河公方と小弓公方の抗争を勝ち残った群雄だけあって、図太いばかりか、調子に乗ると手に負えない。

できることなら敵として渡り合いたくはないが、味方にしても頼りないのは、関東諸士が集まったという2年前の砂窪合戦で折り紙つきである。あれは言い訳できないレベルの惨敗だった。

勝利したのは相模の北条氏康である。氏康は古河に帰城した公方を傀儡同然にしている。このままだと関東は〈北条政権〉の支配下に置かれるに違いない。新政権の扶植を前にする現地の諸士は、これまでの意地を捨てて、どう生き残るかを考える岐路に立たされていた。

かれらは周囲と休戦協定を結んだり、あるいは領土紛争を激化させたりしていた。負け犬同士で足を引っ張っているわけではないが、これで北条対策を考えているつもりだった。

さて、小田家はどうだろうか。亡父・政治は氏康を嫌っていた。もし北条の天下になれば、氏治の居場所などあるわけがない。しかも、憎むべき下総の宿敵は、氏康に尻尾を振って、自家の拡張を狙っているらしい。

これはもちろんアンチ小田派にとって大きなチャンスである。

おもむろに動いたのは結城家臣の水谷全芳だった。全芳は武力ではなく、謀略を行使した。まず小田家臣の真壁道俊と密かに交渉したあと、道俊を迎えにいき、結城城へ出仕させたのだ。だがまだ序の口である。水谷はさらにこの真壁と組んで、裏切り者の多賀谷祥春を攻める段取りを整えた。

驚いた祥春は「謝って許してもらおう」と考えて、政勝の実母・玉隣（宇都宮成綱《しげつな》娘）が亡くなったのを聞くと、乗国寺《じょうこくじ》[76]を仲介としてその葬儀に参列した。8月8日のことである。祥春は息子と並んで、政勝本人に頭を下げた[77]。普段なら政勝もこちらが苦しいときに裏切った者を許しはしなかっただろう。だが、場が場であるだけに許さざるを得なかった。

真壁と多賀谷が寝返ったことで、小田勢力圏は大きく削られた。

常陸の不死鳥、その実力は？

さて、氏治の評価と資質について見てみよう。

昨今では「常陸の不死鳥」の美称で讃えられる[78]が、これと同時に「戦国最弱の武将」と酷評されることも多い。実際、氏治は重要な会戦で大敗することが多く、何度も拠点を奪われている。それでも立ち直りが早いことから、人柄がよく、領民から愛される呑気なバカ殿さまのように連想されることが多いらしい。

ただ、氏治はそれほどわかりやすい無能ではない。

氏治が敗戦したときはいつも多数の兵が戦死している。たとえば後年の手這坂合戦では、名のある武士が97名、兵士2800余人が氏治の「強《つよ》ミ過《すぎ》タル(79)」気迫に押し切られて戦死している。

未来ある諸士が進んで命を投げ出す以上、かれらが氏治を、自身の名誉と身内の未来を託すに値する大将と見ていたのは間違いない。氏治には、ほかの敗将と違い、酒色に耽っていたとか、怠惰な人物であったなどと貶めるような伝承や記録がない。きっと大きな貫禄の備わった無骨な男だったのではないか。

小田の諸士は、もし合戦に大勝すれば、利益を仲間や家臣たちにも分け与えてくれる大器だと見ていたからこそ、氏治と一緒に漂泊の身に陥ろうとも、巨大な敵と戦うことになろうとも、せっせと付き従い続けたのだろう。

文献上では「累世無双の弓取《ゆみとり》にて、常陸国筑波《つくば》郡小田の城に居住して、常総両国を掌に握り、武威八州に振《ふる》ひ、強盛《きょうせい》の猛将(80)」とその資質を讃えられ、「小田殿若大将にて自身の働きを好み玉ふ(81)」、「小田氏治は血気盛りの若大将(82)」とその剛勇ぶりを語られている。氏治は和歌を好んだというが、自ら刀槍で斬り込むことも厭《いと》わない文武両道の武将だったのである。

なお、その不死鳥ぶりについても「小田は七度まで没落に及ぶと雖《いえど》も、頼朝の時よりの大名にて、百姓・町人まで地の譜代なる故《ゆえ》旧主（氏治）を慕い、年貢以下をもとかくにかこつけて当領主（占領者）へは渡さず、密《ひそか》に旧主へ運び出し、旧主に心を合て襲ひ攻むる故に、遂《つい》に取りかへされて、一年ともこらゆること能《あた》はず(83)」とあるので、家臣だけでなく領民からも慕われていたようである。

なお、氏治が家督を継いだあと、家臣たちは活発に侵略行為と内部粛清を繰り広げた(84)。宍戸通《ししどみち》綱《つな》に至っては結城方から常陸の海老ヶ島《えびがしま》城を奪い取っている。おそらく氏治の許可など得てはいなかっただろう。かれらは氏治の器量とは別に、おのが野心のためフリーダムに活動していたのだ。

結城政勝の苦悩と決意

結城政勝は代替わりしたばかりの「血気盛りの若大将」が、城主をふたりも調略されて黙っているわけがないと思っただろう。氏治とは遠からず戦うことになろう。情勢はにわかに緊迫し始めた。

ここで政勝は「それにしても――」と家臣たちの顔を思い浮かべて、頭を抱え込んだに違いない。

結城家の家臣たちはとにかく質が悪いのだ。同僚同士で刀を抜き、睨み合ったかと思うと、いつのまにか同じ茶碗に酒を注ぎあって談笑するような連中だった。政勝に酔っ払ったまま意見を唱えにやってくる者もいた。訴訟問題では、黒を白と強弁して恥じることのない者が多い。陣触れの貝が鳴ると、出陣先を確かめもせず、勝手な地へ攻め入る者までいる。考えなしの身勝手揃いだったのだ(85)。

小田方への調略も政勝の指示ではなく、かれらが独断で進めたようである。関東ではこんな些事から合戦が頻発していた。その結果、敵から憎まれるのは当人ではなく大将の自分である。それでも政勝は責任感が強く、運命から逃げるつもりはない。氏治もすでに佐竹や宇都宮と組んで、結城攻めの段取りを進めていた。

政勝は、小田の先代・政治に何度も苦杯を味わされてきた。常陸の侍は概して直情型で、勇猛なのだ。息子の氏治と単独で戦えば、間違いなく苦戦させられよう。政勝は悩みながら考えた。

北条氏康の油断

北条氏康は房総出馬の準備に忙しかった。安房の大名・里見義堯を討伐するためである。早く降伏させられたら楽なのだが、義堯は粘り強く、計略も得意である。簡単にはいかないだろう。

氏康が房総出馬を決めたのは、不穏な常陸情勢を見て、しばらく大きな動きがないと判断したからだった。それまで反北条派の氏治が佐竹らと組んで、親北条派の結城に合戦を仕掛ける動きがあると聞いて、対応を考えていた(86)。だが、佐竹義昭が「小田氏治とうまくいっていない。困っている」と使者を寄越して、今後の相談をしてきた。するとどうやら氏治が義昭と組むことはなさそうである。ならば政勝の支援は後回しでいい。

このため氏康は房総の攻略を一気に進展させようとした。かくして天文24・弘治《こうじ》元年（1555）、北条水軍と里見水軍が各所で激しく競り合うことになった。氏康は年内にことを済ませて、来春辺りに結城支援を考えようと考えていた。

だがこれは、小田氏治と佐竹義昭の計略だった。

関東諸大名の総進撃策

佐竹義昭と小田氏治は別に仲違いなどしていなかった。両者は水面下で謀議を重ねて、氏康の矛先を房総に向けさせ、その間に結城攻略を果たすつもりでいたのだ。

氏治、22歳。義昭、25歳。若いふたりは、氏康を首尾よく動かすことができて、ほくそ笑んでいただろう。このまま騙されていてくれたら、氏康の支援のない政勝など恐れるに足らない。結城城は約100年前の結城合戦で、哀れな落城に見舞われている。これをサプライズで再現してやれば政勝もあっと驚いてくれるだろう。氏治は想像するだけで楽しくてたまらなかったはずだ。

この計策は、里見義堯の発案だったかもしれない。長年の抗争が続く氏康を、自分が引き受けている間に、小田・佐竹連合が結城を滅ぼす。さすれば氏康の威信は大きく失墜するに違いない。

昨年、古河城で前《さきの》公方の足利晴氏が挙兵したので、氏康はこれを鎮圧して幽閉しなければならなかった。関東各地には、潜在的な反北条派がまだたくさんいる。上野では上杉憲政が蠢動しており、

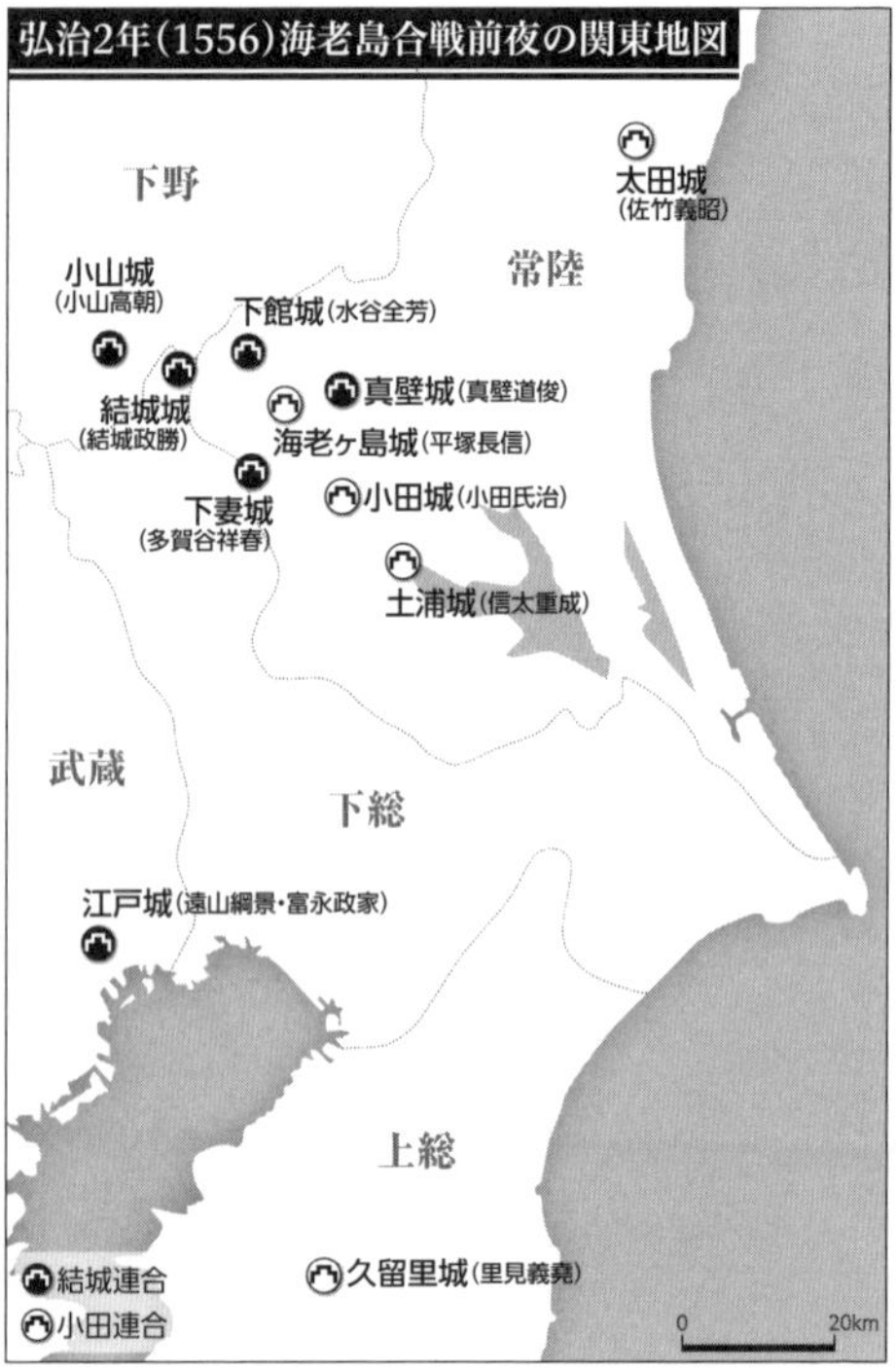

バックとして越後の長尾景虎が参戦することもありそうだった。

ここに小田・佐竹が結城合戦を再来させ、勝利を得られれば、関東中で窮地に立たされている前公方派・上杉、里見らが総進撃できるようになるのだ。かれらにとってこの大作戦こそ唯一無二の起死回生策であった。

この関東総進撃を構想した首謀者たちも参戦する諸士の気質や動向を完全に把握できているわけではない。先々の動きを進めるにあたり、上杉憲政や小田氏治・佐竹義昭らそれぞれの実力と覚悟を信じるほかになかった。

事態に気づいた氏康

北条氏康は、房総平定のために大軍を展開させていた。

そこへ同年の3月、佐竹義昭と不仲で、結城政勝と親密な関係にある陸奥白河城の白河晴綱《しらかわはるつな》が、氏康のもとへ使者を派遣した。その手には書簡が携えられており、「わたしは以前からあなたと仲良くさせてもらっているのに、あなたが佐竹義昭と同盟したと聞きました。どういうことでしょうか。ことによってはあなたとの関係を見直します」と難詰する内容が記されていた(87)。驚いたのは氏康だった。義昭とは一度手紙を送り合っただけで、軍事同盟を結んだ覚えなどない(88)。

ここで氏康は義昭の謀略にまんまと乗せられていたことに気づく。義昭は氏康の油断を誘うため、虚報を流したのだ。しかしもう手遅れだろう。簡単にバレる嘘を流す場合、その狙いは時間稼ぎと決まっている。そして、それはほとんど果たされてしまっている。

実際に小田氏治は着々と開戦準備を進めていた。北条からの援軍は、もはや間に合わないかと思われた。

問われる氏治の真髄

昨今、「戦国最弱」と笑われがちな小田氏治だが、この瞬間は間違いなく、反北条派にとって関東随一の希望の星であり、その後の情勢を一変させるキーマンであった。しかも「強ミ過タル大将」

で、結城への敵意に燃える氏治は、いまやだれから見ても頼もしい。

ただ、佐竹義昭は、結城方と通じている大掾貞国《さだくに》を警戒していたらしく、まだ軍勢を動かしていない。北条なしの政勝ごときなら、氏治ひとりで戦えると安心していたのだろう。

だが、氏康にはまだ切り札があった。

予備として温存していた諸士である。4月、武蔵江戸城の遠山綱景《つなかげ》、富永政家《まさいえ》が500余騎を連れて、結城政勝の膝下へと発向した。房総の後詰めに置いていた兵をすべてこちらに動かしたのだ。氏康はさらに同国岩附城の太田資正や下野の佐野豊綱・毛呂季忠《すえただ》にも参戦を要請した。かれらは卑劣な小田を叩き潰すべしとばかりに発向した。こうして数千の大軍が結城城に参着した。政勝ひとりではとても集められない大変な人数だった。

氏康の威信が本物であることを、肌身を持って実感する政勝だったが、考えている余裕はない。いまは小田と佐竹が対策を練る前に、小田領まで押し進むのが最善である。かれらは氏治の前方防衛ラインにある海老ヶ島城へと差し迫った。

第6節　小田氏治という男（後編）――弘治海老ヶ島合戦

戦国のキングギドラ

常陸の武将・小田氏治は「戦国最弱」などと愛らしく呼ばれている。いつも重要な合戦で大敗しては、本拠地の小田城を奪われる屈辱に面しているからだ。ただ、「常陸の不死鳥」というキャッチフレーズがあるように、何度も小田城奪還を果たしてもいる。

そもそも氏治が本当に戦国最弱だったかという疑問がある。第一に、氏治が負けるのは、常に自軍以上の大軍と争っているときである。第二に、小田城の陥落もほとんど多国籍軍の攻撃を受けてのものである。たとえば上杉謙信による永禄9年（1566）の「小田開城」は、連合軍に包囲されてのものだ。氏治を攻める側はいつも味方を大量動員して、対する氏治は寡兵でこれに立ち向かい、敗れただけのことである。

とはいえ、重要な合戦でことごとく負けているのは事実だ。だが、これは戦国最弱だからではなく、むしろ周囲が氏治を強敵として恐れていた結果であろう。氏治と戦った者たちはその戦闘力に一目置いて、事前の作戦で優位に立てるよう対策していたのである。

なお、近世の二次史料（軍記や系図など）というのは、敗軍の将に厳しい評価を与えるのが普通だが、氏治に限ってはいずれも勇猛な名将だったと称賛している。氏治は何度も負けたが、それでもその実力を後世に認められていたのだ。皆さんもフィクションの世界などで、〝あり余る力量がありながら連敗してしまう大敵〟には見覚えがあるだろう。

ここで小田氏治を「最弱」や「不死鳥」以外の異名で呼んでみたいと思う。〈戦国のキングギドラ〉である。

小田史上最大の決戦

前節では、小田氏治が海老ヶ島合戦に向かう直前までを描いた。今回はその合戦そのものを描写したい。

合戦前の氏治は、敵対する結城政勝にとても警戒されていた。氏治に勝るとも劣らない常陸の大将・佐竹義昭と秘密同盟を結んでいたからである。ここまで氏治は大きな合戦を行なったことはなかったが、亡父・小田政治は結城勢を追い詰めた剛将で、その士卒を引き継ぐ氏治が難敵なのは疑いないところであった。

政治死後の氏治は、政勝とすぐ険悪な関係になったが、政勝はあえてなにも仕掛けず、力を蓄えることに専念した。これを見た氏治が開戦準備を整えると、なんと政勝は関東随一の大名・北条氏康に自ら進んで属す決意をくだした。しかも有事に備えて、周辺の領主たちとも連絡を絶やさなかった。氏治はそれほどまで恐れられていたのである。

舞台に登場する前から鳴り物入りなのは、〝金星を滅ぼした宇宙怪獣〟と、いかにも強そうに喧伝《けんでん》されたキングギドラと同じである。先代の武威により、小田氏治は異常に警戒されていた。

また、氏治個人も「強ミ過タル」「血気盛ん」と記録されるように野心と闘魂がギラギラと輝いていた。ギドラも氏治も単体で挑むには危険すぎたのである。

おまけに氏治は武士のキング・足利義教の血筋だという伝説がある。もしも結城軍に大勝すれば、あるいは本当に関東のキングになるかもしれない。

小田・菅谷・信太からなる三頭竜

ギドラの形状は三頭竜で、単純に見て脳味噌が普通怪獣の3倍ありそうである。ただ、この頭脳が有効活用されたことはなく、いつも肉体勝負に出るので、ほとんどパワーキャラと化している。

小田氏治にも、菅谷勝貞という優れたブレーンがいた。信太重成という心強いバックもいた。特に勝貞は事あるごとに適切な意見を提言する軍師ぶりを発揮していたという。ただ、氏治はこれをまったく聞き入れず、力押しに偏る悪癖があった。これでは宝の持ち腐れだが、この点もギドラ風である。ずる賢い手で反則的な侵略を好むところも共通している。

今回、氏治は佐竹義昭を相棒に選び、結城勢を滅ぼす遠大な計策を進めていた。

若い氏治は、政勝のあまり武者らしくない顔立ちを思い浮かべて、失笑していただろう。あの老いぼれは、いまもっとも目障りな男だ。だから潰す。氏治の戦意は頂点に達していた。

義昭はよく働いてくれていた。政勝が尻尾を振っている北条氏康に「最近は小田氏治と不仲になって困っています」などと嘘八百の手紙を送り、これを真に受けた氏康は「これなら政勝も安心だろう」とまんまと騙され、房総出馬に本腰を入れていた。

これで政勝は、北条の援軍を期待できない状況に陥っていた。この分なら、小田軍が関東の天下を取るのもたやすかろう。

だが、政勝とその盟友である陸奥の白河晴綱は、小田と佐竹が親密に交わっているのをよく観察していた。政勝が氏治と険悪であるように、晴綱と義昭も険悪だった。晴綱は義昭の使者が小田原まで往復しているのを見て、氏康に「どういうことですか」と問い詰める手紙を送りつけた。驚いた氏康はすぐ各地に使者を派遣して、結城城まで北条と古河の諸士を多数駆けつけさせた。かれらは房総戦線とは別に、温存していた虎の子であった。

小田・佐竹連合は、結城方を追い詰めているつもりでいたが、このようにすべてがあっさり露見したため、かえって氏康を本気にさせてしまったのである。ついに決戦のときが迫る。

海老ヶ島城を攻める結城軍

常陸の西部・真壁郡にある海老ヶ島城は、水田と湿地に囲まれ、さながら湖面に浮かぶ水城のようであった。

この城は80年ほど前、結城領と小田領の境界線にあたる地点に、結城軍が構築させたものである。結城一族の拠点は下総なのに、わざわざ常陸に城を造るのは明らかな敵対行為で、小田一族はこれに長らく神経を尖らせていた。

天文15年（1546）、その怒りが爆発した。小田家臣の宍戸通綱が海老ヶ島城を攻撃し、城主の海老原《えびはら》俊元《としもと》を追放したのだ。小田軍はここに平塚長信《ながのぶ》を在城させた。

結城軍が小田領へ侵攻するにはまずこの地を奪還するのが先決となる。古河公方は、北条氏康の要請で、各所の領主たちに政勝への支援を命じた。そこに氏康の家臣も加わり、2000余騎もの大軍が政勝の眼前に現れた(89)。

氏治は義昭と組んで、結城領侵攻を準備していたが、政勝は、氏治が気づくより前に、連合軍を進発させるのが望ましいと考えた。あっという間に海老ヶ島城の西側に押し寄せた。大軍で城内の人々を怯えさせ、屈服させるつもりである。

海老ヶ島城の危機を知った氏治は、義昭の援軍を待つことなく飛び出してくるはずだ。大将たるもの、前線の城主を見殺しにする選択肢などあり得ないからである。

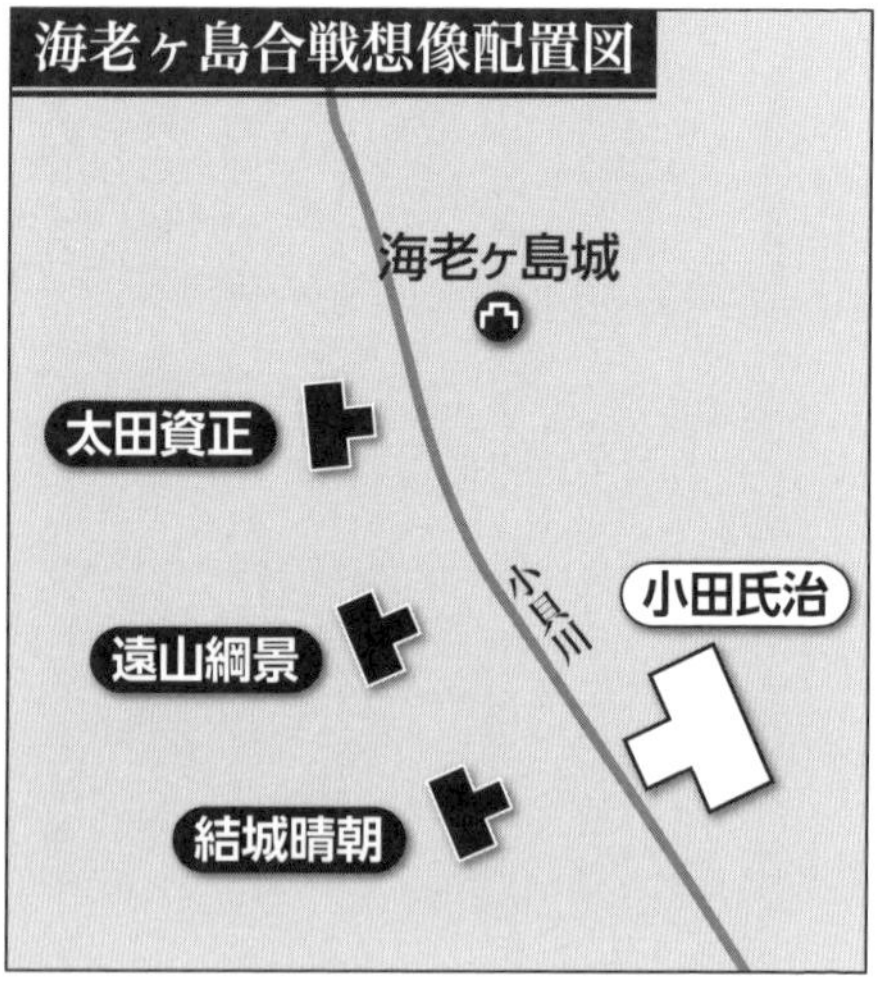

予想通り、氏治が現れた。その数は「二千騎」ほどだったという(90)。短期間でこれほどの人数を集められる氏治は、やはり関東屈指の強敵と見て相違ない。もしここへ佐竹軍まで駆けつけてきたら、勝機は薄くなってしまう。結城軍にとって、ここは即戦あるのみだった。

山王堂に陣取る小田軍

焦っているのは俺ではない、お前たちだ――と氏治は思っただろう。時間を稼げば、優位に立てる。義昭が来るまで持ち堪えればいい。幸いにも城の南方にある台地がガラ空きにされていた。低湿地帯を見下ろす標高24メートルほどの山王堂《さんのうどう》である。

結城軍は山王堂の西側、利根川水系の小貝川《こかいがわ》の先に布陣していた。敵はまだこの川を越せていなかったのだ。東方を振り返ると、霊峰・筑波山《つくばさん》が見守ってくれている。小田軍は意気揚々と山王堂に乗り上げた。

生兵法で考えもなく高地に陣取り、水の手を絶たれた馬謖《ばしょく》とは違う。水源豊富なこの地で踏ん張れば、敵は容易に仕掛けられない。そこへ援軍が到着して敵勢が浮き足だったら、すぐにも追撃してやれる。地の利を計算して堅実に動きを進める氏治は、やはりおのれこそキングに相応しい大将だと確信したことだろう。だが、事前調査は怠っていたようだ。

大戦争の勃発

合戦は弘治2年（1556）4月5日、昼過ぎ（午後2時ぐらい）に始まった。場所は「常州大島台」こと山王堂である(91)。これが海老ヶ島合戦と呼ばれる待望の「一戦」であった。

戦いの詳細は確実な史料に残されないが、徳川時代の伝承を書き留めた近世軍記がある(92)。氏康の手紙をはじめとする一次史料と矛盾がなく、再現性も高いので、両者を組み合わせてその内容を見ていこう。

はじめに仕掛けたのは結城軍だった。先手の大将は氏治よりも若い政勝の養子・結城晴朝《はるとも》だった。老いた政勝は後方に控えて、23歳の後継者にすべてを託した。

一番手を担ったのはかつて氏治を裏切った真壁城主・真壁道俊《どうしゅん》である。真壁城は真壁郡海老ヶ島城のすぐ北東にあり、徒歩で2時間とかからない。このためだろう。一番手を任された。だが、道俊がいくら地勢を熟知し、勇猛だったとしても、小勢ではなにもできない。氏治はこれをあっさり追い返した。

続いて結城一門衆・山川氏重が挑みかかった。氏治はこれも撃退した。三番手は多賀谷政広だった(93)。これも撃ち破った。かれらは早々に引き上げて、その被害は軽微に済んだようだが、それでも氏治の連戦連勝である。戦力を小出しする愚策ぶりに、小田諸士は呆れるばかりだっただろう(94)。ところが結城軍はしつこかった。さらに水谷全芳が攻め入ったのだ。まさかもう仕掛けてくるまいと思っていた小田軍は、戦果拡大のため追撃態勢に移っていて、油断していたらしい。今度は小田勢が押された。

ここで思わぬことが起きる。なんと、水田を踏み越えた騎馬武者が１００騎ばかりこちらへと押し入ってきたのだ。馬が水田を突進するはずなどあってはならない事態だが、かれらは勢いよく小田軍の脇腹へ乗り入れた。指揮官はあの結城晴朝である。

たちまち３００余人が討ち取られた。そこへそれまで控えていた古河家臣・太田資正と北条家臣・遠山綱景が泥の中へ踏み込んで、大挙して殺到してきた。

このように結城晴朝・太田資正・遠山綱景の「三手(95)」部隊の連動が図に当たり、勝負が決した。残る小田兵が壊走する。そこへ結城軍が続々と押し寄せて、逃亡兵１０００余人を討ち取った。全軍の半数が殺害されてしまっては、完全に再起不能である。

かくして弘治海老ヶ島合戦は、氏治の大敗に終わったのである。

不死鳥の帰還

軍記ではなんの説明もなく、結城晴朝の精兵が軽々と水田を越えているが、この謎は別の史料によって解き明かせる。当時の現地寺院の記録に、この年は「天下旱《ひでり》」だったことが記されているのだ(96)。氏治が山王堂に布陣したとき、近くの水田と湿地は水気が浅く、泥濘《ぬかるみ》もほとんどなかったのだろう。だから騎馬武者の横入れが可能だったのである。氏治は地の利を見誤っていた。

海老ヶ島城が奪取されると、その夜、氏治は土浦《つちうら》城へ直行して、城主・信太重成とともに立て篭もった。晴朝はこれを捨て置き、翌日早朝、小田城を制圧した。

結城一族にとっては約１００年前に遭った結城落城の屈辱を晴らす歴史的大勝利だった。結城軍は「小田領中郡、四十二郷、田中荘海老島・大嶌・小栗・汝塚・豊田」ことごとくを占領した(97)。

それでも氏治は諦めなかった。政勝書状を見ると「小田氏治八月廿四日古地へ被罷移《まかりうつられ》候」とあり、早期に居城奪還を果たしたことが確かめられる(98)。しかも2年後の弘治4年（１５５８）には海老ヶ島城も奪還して、平塚長信が城主に返り咲いた。結城軍は占領地を守りきれなかったのだ。

なお、『多賀谷家譜』によると、「弘治年中、佐竹義重《よししげ》が海老ヶ島を攻め、同時に多賀谷政経《まさつね》は西南より馬を出し、これを撃った(99)」とあり、また『円福寺記録』にも「弘治三年佐竹義重攻海老島〈小田之麾下〉」とあるので、小田城と海老ヶ島城の奪還は、佐竹軍の支援によるものかもしれない。

こうして〈戦国のキングギドラ〉は派手に敗北しながらも、見事に復活を果たしたのだった。

キングギドラと小田氏治

金星を滅ぼした宇宙怪獣キングギドラは、いつも映画の終盤に地球怪獣たちと格闘して大敗している。天空から引力光線だけ放っていれば、こんな無様な敗北もしないはずだが、毎回わざわざ地上の敵と組み合って敗れるのだ。

海老ヶ島合戦の氏治も、湿地帯の高台に布陣して地の利を得たつもりでいた。だが、日照りで周囲が浅瀬と化していた。これでは地の利など無きに等しい。

敗戦したあと、堂々と再起するのも、敗北時にまるで現実感がないくらい見事な醜態を晒すのも、ギドラと変わらない。現場にいた小田諸士は、眼前の出来事を「これは悪夢だ。事実ではない」と忘れたくなり、無謀な合戦を繰り返したのかもしれない。

そしてどちらも、たまに強い味方を得るが、負けフラグを折ることが叶わなかった。ギドラは「千年龍王」を名乗って、勝率の高い護国聖獣たちと組んだこともあるが、結局はまたゴジラに敗北させられている。

氏治も勝ち馬に乗るがごとくして、上杉謙信の関東大連合に加わり、北条氏康の居城を攻める側についたことがある。どう見ても負けるはずのない戦いだったが、大軍は仲間割れして瓦解した。氏治が味方せずとも結果は変わらなかっただろうが、あるいは氏治が味方の武運を落としたのかもしれない。ただ、それでもギドラが「怪獣最弱」でないように、氏治もまた「戦国最弱」ではなか

小田城跡（茨城県つくば市）

ったと述べておきたい。

その後も小田軍は強敵たちに敗退を重ねた。最終的には小田城奪還すらできなくなり、漂泊の身に落ちた。その後、結城家に拾われ、関ヶ原合戦の翌年まで養われた。氏治の享年は不明だが、家臣たちから何度諫められても「自身ノ働キヲ好ミ玉フ(100)」気性を改めなかったことを考えると、70前後までキングらしく、不屈の魂を忘れずに生きただろう。

第7節 上杉憲政という男（前編）——関東管領職の重み

上杉憲政は愚将か

関東管領・上杉憲政《のりまさ》——。ドラマやゲームなどの世界では、無能な人物として描かれることが多い。その原型となった近世軍記の憲政評は辛辣《しんらつ》を極めている。

たとえば『甲陽軍鑑』［品第13］は「媚びてくる無能者を偏愛する(101)」、「六万の大軍を率いても、忠義者はそのうち百人もいない(102)」、「知行・所領・金銀・米銭を善悪の判断もなく人に与える(103)」ような者は「臆病なる大将」「弱き大将」だと批難して、こうした所業から「家中を礼儀知らずばかりにしてしまい、御家を滅亡に導く(104)」そんな人物がいると述べ、「これをだれかといえば、上杉憲政公にとどめを刺す(105)」と辛辣に貶める。

さらに『相州兵乱記』［巻第4］も「［憲政は］人の嘲りを顧みず、傲《おご》り極まって色に耽《ふけ》り、酒宴のみに日を過ごした。このため佞人《ねいじん》ばかりが増え、賢人は去っていった(106)」と散々に指弾する。

だが、これらは憲政と戦った武田・北条ゆかりの軍記であることに気をつけるべきだ。今回は憲政の人物像を見直していこう。

敗者≠愚将

たしかに上杉憲政が敗戦の末に居城を追われ、他国へ亡命した事実は変わりない。しかしその原因を暗愚だったからと片付けるのはいかにも粗雑である。こんな後付けの評価を信じて学べることなど、あろうはずがない。

わたしはいつも歴史が好きな方々に、自分の目を信じて欲しいと思っている。歴史人物を見るには、既定のイメージや真偽定かでない雑念に捉われずに評価してもらいたいと思っている。メディアを見て、作為的な情報操作を行なっていると感じたことがあるだろう。小さな人間関係の中にも身勝手な印象操作があふれている。

歴史に触れたとき、伝説の虚実を見極めたい、過去の人をまっとうに評価したいと思ったことがあるはずだ。人間の本質を見定めようと思ったら、世評に惑わされないため、他人の主観を見抜く意思、そしてそれを取捨選択する能力が必要となる。

さて本書でも、既存のイメージに便乗することなく、客観性を装うことも拒み、自分の主観で対象人物を語らせてもらうことにする。まずは上杉謙信と出会う前の憲政が、教養豊かな貴公子であり、合戦にも積極的な武人であり、理想に燃える若者であったことを見ていきたい。

テーマは日本三大奇襲(107)のひとつとされる河越夜戦（砂窪合戦(108)）である。

開戦前までの憲政

大永5年（1525）3月、憲政の実父が亡くなった。跡目は義兄・憲寛《のりひろ》が継いだ。するといきなり憲寛は、逆心の疑いがあるとして上野安中《あんなか》城の討伐を宣言した。

城主の安中顕繁《あきしげ》（またはその息子）と仲のいい近隣城主の西・小幡・用土氏族の者たちが救援に馳せ参じた。ここに管領家を二分する内訌が発生したのである。反憲寛派は対抗馬として、憲政を擁立した。ここに「管領家vs.反乱軍」の構図は、「憲寛vs.憲政」の家督争奪戦へ塗り替えられた。戦国時代によくある止揚《アウフヘーベン》である。

2年後、争乱は反乱軍の勝利に終わった。憲政はまだ9歳の小児であったが、思わぬ形で管領職に就任することになった。

ところで管領とはもともと公方の執事を後見する役の俗称である。それがいつしか執事を管領と呼ぶようになって、もとの意味が消えた。関東上杉家は代々この管領職を担ってきた[109]。権限の大きな役職なので、今回みたいな権力闘争を招くことも時々あった。管領はそれぐらい重みのある役職だったのだ。

しかしこれも役職のひとつであるから、原理的には世襲である必要などない。時代は変わりつつあって、実際そう考える者が現れていた。その理由は、若き憲政の実力不足にあった。

憲政の眉に、愁《うれ》いが宿る。

公方のため、民のため、憲政起つ

もし「戦国最弱」という称号をだれかに求めるとすれば、小田氏治より憲政がふさわしいという人もいる。憲政の戦績はそれぐらい悲惨だ。戦争に弱い管領では、公方の補佐役として不適格である。しかも公方には、すでに憲政以上の実力と功績を誇る大名があった。相模の北条氏綱とその息子・氏康である。

北条父子の功績といえば、偽公方の討滅だろう。過去に「俺こそが本物だ」と胸を張る別の公方がいたのだ。小弓公方である。しかもそれに与する群雄までいた。北条軍はこれを滅ぼし、さらに残党の平定に従事した。小弓公方滅亡に喜んだ公方は、新たな管領に氏綱を立てようと申し伝えた。天文7年（1538）のことである。翌年、氏綱は公方に自分の娘を嫁がせて、公方の「御一家」となった。2年後、この女性が男子を生む。後の足利義氏である。公方には前妻（簗田氏）との間にすでに男子がいたが、このままだと北条は公方の跡継ぎ変更を意見してくるに違いない。

同年夏、氏綱が病没し、息子の氏康が北条家の当主に就いた。氏綱は息子に「義を守りての滅亡と義を捨てての栄華は天下格別である」と伝える置文を遺した(110)。果たして氏康に義はあるだろうか。少年当主の憲政は、関東中に潜在する北条への不満を強く感じ取っていた。

その筆頭は、公方の足利晴氏である。天文11年（1542）、20歳の憲政は鹿島神宮に「宗瑞《そうずい》」「氏綱」「氏泰（氏康）」が三代にわたり「八州併吞《へいどん》」を企んでいるので、これと「決戦」して「君（晴氏）」を

立て、「民」の苦しみを除きたいとの願文を捧げた(11)。

それまで土豪が百姓と長年の呼吸で、適度な年貢を取り立てていたが、北条家は領内の「検地」を徹底することで隠田や新田を探し当てて税収を増加させている。憲政の耳にも民の不満が届いていたのだろう。

それにだれよりも公方自身が、北条の天下を望んでいないと言うことが伝えられていた。

こうして憲政は、後漢末に献帝から密詔を受けた劉備のごとく、蠢動を開始する。

憲政が目をつけたのは、先に北条と領土紛争があった駿河の今川義元《いまがわよしもと》だった。義元と水面下で交渉を行ない、北条挟撃の策を誘った。ここに関東の覇権をめぐる「決戦」前状況が作られていく。

水も漏らさぬ計策ぶり

憲政は、武蔵の河越城に狙いを定めた。

城主は北条綱成《つなしげ》。氏康と血肉分けたる仲ではないが、両者はとても親密であった。この城はもともと扇谷《おうぎがやつ》上杉の当主である朝定《ともさだ》の拠点だった。憲政は北条に奪われまいと支援し続けていたが、願いは果たせなかった。2歳年少の朝定が憲政に奪還を懇請する。

管領である自分が立たなければ、だれが取り返してやれようか。憲政は河越城奪還の決意を固めた。もし朝定の願いをかなえてやれば、上杉家の勢威を取り戻す最高のデモンストレーションとなるだろう。公方さまも満足するに違いない。こうして憲政は「決戦」準備を整えたのである。

天文14年（1545）7月、今川義元が動いた。今川軍は富士川を越え、駿河国内の北条領へ進軍し、善得寺《ぜんとくじ》に布陣した。氏康が出馬したのを確認すると、憲政は動いた。

朝定と共に河越城へ出馬したのである。

憲政は常陸・下野・下総・武蔵諸国へ檄を飛ばし、関東諸士の胸にくすぶる現状への不満と、将来への不安を煽った。名だたる古豪が憲政のもとへ馳せ参じた。集まった人数は約8万と伝えられている（『北条記』）。この数値は誇張だとしても、旧扇谷家臣も出陣していることから、複数の領主が集まったのは事実である。もし氏康が自由の身であったら、かれらはここに来なかっただろう。

しかも両上杉軍の陣営には、古河公方その人の姿もあった。

憲政は、揃うべき役者の順番を間違えずに動員したのである。関東の大義は、こうして憲政のもとに集まったのだ。

北条氏康の反転

大局は完全に決まった――ように見えた。だが、ここで短時間のうちに事態が急変する。なんと、氏康がフリーハンドになったのだ。

憲政が河越城を取り囲んだ直後、氏康は急ぎ甲斐の武田晴信の仲介を得て、今川義元に駿河の領地割譲を打診した。ここで駿相は9月22日にひとまず「矢留《やどめ》（停戦）(112)」した。

信濃進出を企んでいる晴信としては、ここで北条が東海道に釘付けになると困ってしまう。上杉軍がこちらの侵略阻止へ動き出しかねなくなるからだ。ただ、単に北条と今川に和睦を勧めても、憲政と密約を結んでいる義元が首を縦に振るはずもない。そこで、晴信は上杉との関係改善を望んでいると告げたらしい。

このときの史料(113)を見てみよう。そこでは、晴信が憲政と氏康と義元の「三方」が和睦するための交渉を進ませたと書いている(114)。

氏康の亡父・氏綱はまがりなりにも古河公方を主君として立ててきた。氏綱の遺訓(115)には、大将だけでなく諸侍も義を守ること、百姓を見捨てず大切にすること、侍は身の程をわきまえることが書かれている。

氏康は瞑目《めいもく》して、颯爽《さっそう》と馬を駆らせた亡父の後ろ姿を思い浮かべただろう。もし氏綱が健在ならどうしただろうか。きっと、公方や憲政と争うのは本意ではないと表明して、無用の戦乱を回避するよう努めたであろう。これが義を大事にすること、万民を大切にすること、身の程をわきまえる者の道である。

義元にすれば、領土を分けてくれるというのなら、なんの異存もない。こうして氏康と義元は、晴信に合意した。後顧の憂いを絶った氏康は、軍勢の反転が可能となったのだ。ここから翌年の天文15年（1546）4月20日に勃発する「河越夜戦」の前状況が作られたのである。

氏康の動きが停滞した理由

ただ、「矢留」から翌年4月まで氏康は8ヶ月近くの間、軍事行動を停止している。その理由は定かにされていないが、なぜすぐに河越城救援に赴かなかったのだろうか。その理由を見てみよう。

まず停戦直後に急展開があった。

北条・武田・今川の矢留からすぐあとの9月26日、古河公方・足利晴氏が両上杉の陣営に加わることを表明したのだ。10月27日に晴氏は河越城に出馬して、両上杉軍に同陣した（『別本塔寺八幡宮長帳』、『喜連川判鑑』）。氏康の妹も夫を引き留めなかった。

晴信の提案では、氏康は義元だけでなく憲政とも和睦する予定だった。だが、公方が両上杉軍に味方したので、憲政も強気の態度を固めたらしい。

また通説だと両上杉軍は8万余りの大人数で河越城を囲んだというが、それでもなぜか翌年春まで戦局は動いていない。河越城を守る北条綱成にはわずか3000人の手勢しかいなかったのに不思議である。その理由もこれまでの研究で明らかにされていない。

氏康は、公方・両上杉連合軍の巨大な陣容を恐れて、これに近づけなかったのだろうか。もしそうだとしたら、憲政はこれに乗じてさっさと河越城を陥落させてしまっただろう。そうすれば、氏康の威信は地に落ち、「決戦」に勝利する以上の成果を得られたはずだからである。だが憲政は動かなかった。

このように氏康がすぐに動かず、憲政も河越攻めを急がなかった理由はなんであろうか。ここで謎を解く鍵になりそうな事実と私見を3点ばかり述べさせてもらおう。

ひとつは憲政が集めた人数が実は通説ほど多くなかっただろうことだ。憲政が8万の大軍を率いたとする初期史料は『甲陽軍鑑』だけで、同書の北条に関する情報は、その祖・早雲《そううん》を「素浪人」出身と記すなどの誤認が目立つ。先行する史料の誤読らしい箇所もある。もし憲政にこれほどの動員力があったら、過去に河越城が北条の手に落ちるまで対策はいくらでもあったはずだ。別の文献に、憲政の陣営は6000騎程度だったと記すものもある。憲政の兵力は、史料によって10倍以上の差があるのだ。

もうひとつは河越城の城兵が糧道を整えて、長期戦に耐えていたと思われることだ。つまりこの城攻めはとてもぬるかったのである。

そして最後は、両者とも決戦意欲がまだ高まっていなかったことである。憲政は、義元が氏康を足止めするのをアテにして河越城へ迫った。ところが氏康は野放しになり、憲政は正面対決に躊躇《ちゅうちょ》することとなった。一方氏康も憲政単体ならまだしも、公方までその陣営に加わったので、なるべくなら合戦を避けたい。だが、憲政はここで氏康に全面的な降伏を望んだのではないか。

これら三つの理由から、公方・両上杉連合と北条氏康は「決戦」をしない方向で、河越城を軸とする交渉に取り掛かっており、それが長期化していったと考えられるのである。だが、やがてこの交渉も破綻を迎えることになる。

ここまで「河越夜戦」と呼ばれる合戦前夜の状況を述べた。後編ではいよいよその合戦内容に迫りたい。

第8節　上杉憲政という男(後編)――「河越夜戦」の実相

古河公方・足利晴氏の参戦

前節で述べたように、天文14年(1545)の河越城攻囲には、憲政の主筋にあたる古河公方・足利晴氏が最初期から参加していた。考えてみてほしい。公方の配下である憲政に、晴氏を強制的に連れ出す権限などない。自然に考えれば、これは晴氏が憲政と計画して企てた合戦と見るのが妥当である。

つまり憲政はこの城攻めで、氏康と「決戦」する意思はあったけれども、作戦の決定権は総大将たる晴氏にあり、「河越夜戦」までの対陣は「憲政 vs. 氏康」ではなく、「晴氏 vs. 氏康」または「公方・両上杉連合 vs. 北条」の構図で推移したのだ。

その傍証として、かつて憲政は「君(公方)」のため、「民」のため、氏康と「決戦」するつもりだと願文に書き上げたことがある。公方のために氏康と戦うと明記した事実と、その後、晴氏が氏康打倒のため挙兵した事実から、晴氏と氏康の間に確執があったのは間違いない。晴氏と宿老たち(特に簗田氏)は、憲政を恃《たの》むべき忠臣と認めて、河越攻めの準備をその双肩《そうけん》に託したのである。

河越夜戦跡（埼玉県川越市）

河越夜戦の参加人数

　このとき、憲政は『甲陽軍鑑』［品第50］によると、関東諸士を大々的に動員し、「八万余」の大軍を集めたと言われている[116]。しかし前節で述べたようにこの人数には疑問がある。総数は通説の半数もいなかったのではないか。もし本当に10倍もの人数差があったら、氏康はその勝利をより大々的に宣伝したはずだが、合戦の詳細を記した氏康の手紙に、そのような記述は見えない。

　公方・両上杉陣営に参戦していた人物で確実視できるのは、当時の書状や覚書に記録される太田資正、小田政治（氏治の父）の代官・菅谷《すげのや》隠岐守《おきのかみ》、この合戦で戦死した憲政馬廻《うままわり》の本庄《ほんじょう》宮内少輔《くないしょうゆう》・原内匠助《たくみのすけ》・倉賀野《くらがの》三河守《みかわのかみ》、公方家臣の難波田《なんばだ》弾正左衛門《だんじょうざえもん》（善銀《ぜんぎん》）・小野因《いな》幡守《ばのかみ》で、そして討ち取られた人数は「三千余人」と記録されるので、それ以上の人数がいたことは間違いないが、それにしても『甲陽軍鑑』の人数差がなにを根拠としたのか詳らかではない。

ただ、ひとつだけ考えられることがある。この河越城は、川中島合戦や国府台合戦のように、何度も同じ陣営で合戦が繰り返されてきた。もちろん人数や規模はその合戦ごとに異なっている。約8年前の天文7年（1538）の河越合戦では「両上杉軍は常・総・房・野州の士卒を催した。（両軍は）およそ八万六千余（の人数で対峙した(117)）」という記録がある。しかもこの人数は上杉と北条の総合計なのだが、『甲陽軍鑑』の記述はこれを参考に錯誤してしまい、上杉憲政8万 vs. 北条氏康8000人の構図を作ってしまったのではないだろうか。

もし片方の陣営だけで8万人を動員できたとすれば、それはもう関ヶ原クラスの大戦である。これほどの大軍をこの時代の関東で、一陣営が編成できるはずがない。このときの上杉憲政は、たしかに連合軍を動員したが、その兵数は先学が指摘するように小規模であったと思われる(118)。

氏康の弱腰交渉は真実か

河越夜戦は一般的な解釈によると、次のような展開で進んだことになっている。

約8万の上杉軍に囲まれた河越城を救うため、北条氏康が8000人の兵を連れて出馬した。

このような10倍の兵力差では戦いにならない。そこで氏康は、敵の総大将・上杉憲政に平身低頭の姿勢で交渉を進めた。ところがこれは氏康の罠だった。降伏の素振りを見せて憲政の油断を誘い、戦勝気分で気の緩んだ上杉軍へ夜襲を仕掛けたのである。さらに城内から打って出た北条綱成の兵3000がこれを挟撃。こうして勝敗が決まった。

しかしこの通説と史料を見比べてみると、疑問を覚えざるを得ない。史料では、氏康と憲政が通説のように交渉していたとは見えないからである。

当時のものと思われる長文の氏康書状写（以後「氏康状」と略す）に、交渉の実態を見ることができる。この書状は、多くの研究者が通説に沿って読んでいるが、ここでは先入観を排して当時の状況を見直してみよう。

一連の事件は、憲政が河越城を攻めることから開始された。その直後、憲政は公方を現地に招き入れた。この時点での主導者は憲政である。この氏康の手紙の内容を読み解く研究者たちは、公方が憲政に乗せられたものと解釈する人が少なくない。

だが公方は、熟練の宿老たちと行動をともにしており、独断で出馬したわけではない。憲政単体の要請に応じて危ない橋を渡ったのではなく、一同の合意をもって勝負に出たのだろう。もともと公方たちには参戦意思があり、憲政はその環境を無事に整えたことで、公方に対し奉り「戦場へ御動座しても大丈夫ですよ」と提言したと考えるのが自然である。

こうして公方・晴氏が着陣した。氏康状は、ここからの交渉のことが書かれているが、そのやりとりは氏康と憲政ではなく、氏康と公方（および側近衆）の間で行なわれたようだ。氏康状では、ここから合戦まで憲政の名前がまったく出ていない。憲政は交渉の主体から外れたのだ。

まず氏康は、公方に降参を申し入れ、憲政との同陣をやめるよう懇請した。公方は氏康の提案に半ば納得して、戦いをやめるとの誓書を送ってきた。

ここまでの交渉は公方が出馬する前ではなく、そのあとのことである。

時系列で見てみよう。8月に今川義元は駿河の北条領を脅かしたが、9月22日に氏康ととりあえず「矢留」をした。そのすぐあとの9月26日に憲政が河越城へ進軍した。さらに公方も参戦を表明。公方は10月27日に着陣する。氏康は10月15日に、武田晴信から義元および憲政との和議を打診され、これに応じる構えを見せた。交渉はとても長引き、氏康は12月9日、義元が欲する駿河の自領を目の前で譲り終えた。この日まで氏康は駿河に滞在し続けていた。

公方との交渉はこのあとすぐ始められたのだろう。このとき公方は氏康の説得に応じて一度引き上げた。氏康がなにを交渉材料にしたのかは不明だが、諸史料から推測すると、かつて亡父が公方から任じられた関東管領職の返上を申し出たと思われる。公方は氏康より御《ぎょ》しやすい憲政を、管領職に正式任命させたかったのである。

氏康は公方の返事にとても安堵した。ところが公方の側近たちはこれを見て、氏康を脅せばより多くのものを引き出せると考えた。かれらは公方に強硬姿勢を迫り、再度の河越攻めに出馬させた。しかも今度は北条方の糧道まで断つという念の入れようだった。

低姿勢の誠意が通じなかった氏康は、ここで本当の修羅場に入り込む。

太田資正の兄と菅谷隠岐守が北条氏康と交渉

この事態に氏康は現地に赴き、再び公方に許しを懇願した。氏康の交渉材料は、もはや河越城ぐらいしかない。ここを明け渡すので、城内の諸士ばかりは助けて欲しいと願い出たのだ。これが天文15年（1546）春の頃だろう。同年の3月7日の同時代史料を見ると、ここで興味深い人物が登場する。のちに越後の長尾景虎と北条氏康が全面戦争を開始すると同時に反北条派の急先鋒となる太田資正その人の兄・全鑑《ぜんかん》である。

（太田全鑑）
左京亮殿遂日入魂《じっこん》之段簡要候、特其方《そのほう》馳走之由候、猶以《なおもって》御かせ儀、可為本望候、恐々謹言、

氏康（花押）

三月七日

上原出羽守《でわのかみ》殿(119)

ここで氏康は、太田家臣・上原出羽守の働きかけにより扇谷家臣の太田全鑑（岩附城主・太田資《すけ》顕《あき》）と、後日仲良くする運びになったことへの礼を述べている。

通説はこの書状を、全鑑が上杉朝定を裏切って氏康に内応する約束の証拠と解釈する(120)。事実とすれば大変な急展開だが、ここで全鑑が主君の朝定を裏切る理由がない。また、このときすでに氏康が決戦の意思を固めていたとするのも、軍記が施した物語的な解釈であって、現実味が薄い。

傍証として、氏康は同年4月17日に、下総小金城主・高城胤忠《たかぎたねただ》に宛てて、「御同意」を得られたことを謝し、「御芳志」に「奉憑《たのみたてまつる》」と述べる低姿勢の書状を送っている(121)。これも内応の約束を進めたものではなく、公方との交渉を整える根回しの書状であろう。

氏康は、城内の諸士を救うことに専心していたのだ(122)。

さらに氏康は、常陸・小田政治から派遣された菅谷隠岐守にも使者を送った。北条軍に菅谷の顔や人柄を知る者はいなかったが、その布陣地が糧道を塞いでいたのだろう。だから、なんとしても布陣地を移動してもらう必要があった。

だが氏康が水面下で各方面と交渉している様子に、公方の側近たちが気づいた。糧道の壟断《ろうだん》はかれらにとって交渉の切り札である。それなのに太田や菅谷が北条擁護に立てば、面倒なことになる。かれらは氏康が菅谷と交渉するため、手勢を連れて砂窪まで進んだのを見て危機感を覚え、諸軍を前進させて決戦の姿勢を見せることにした。しかも、かれらは「このような交渉には応じない。城兵は皆殺しにする」と宣言した。これが4月20日、「河越夜戦」当日の推移である。

交渉の余地もなく、城兵を殺害すると言われては、打つべき手がない。ここで氏康の堪忍袋の緒が切れた。

氏康状の内容

北条氏康の書状写を、この節の最後に掲示した。氏康状AとBに分けている。

有名なのは、『歴代古案』のAで、一次史料を中心に翻刻した文献を収録する資料集ではこちらが使われている。「河越夜戦」の研究に使われる史料も原則こちらで、管見では例外を検出できない。だが、これとほぼ同内容の書状写がある。それがBの『北条五代記』に収載される書状写である。

両者は内容がよく似ているように見えるかもしれないが、実のところ大きく違っている。前者のA『歴代古案』は、合戦終了後、北条氏康が戦争の主体である上杉憲政およびその馬廻への勝利を説明するとともに古河公方の不明を問う内容となっている。

しかし、後者の氏康状B『北条五代記』は合戦の前日に、古河公方へ宛てて発せられている。そしてここでは、合戦および交渉の主体を憲政ではなく、公方たちとしている。

どういうことか、私見を述べよう。

もともと氏康状はこの二通りがあった。はじめ氏康は交渉が破綻した公方と戦う覚悟を決めて、勝敗にかかわらず、北条諸士の名誉を守るべく、氏康状Bの書状を公的に発したのだろう。

結果、それがあっさり大勝を得てしまった。公方と憲政は辛うじて逃げ延びた。戦後、氏康は公方の宿老である簗田高助《たかすけ》に、氏康状Aの書状を、氏康状Bの内容に書き直して、和睦交渉の書状にこれを同封して送りつけた。ここに、この戦いの主体を憲政とする妥協点が示されたのである。

氏康状Aは北条家中で、自分たちの誇りを守った氏康状として伝え残し、『北条五代記』の作者である三浦浄心《じょうしん》（北条遺臣）の時代まで本文が保存された。いっぽう氏康状Bは和睦交渉時に公方陣営が書き写して、停戦の意識統一に利用したあと、上杉謙信の家中まで伝播して、その藩史作成に扱うため、『歴代古案』として書写された。

こうして二通りの書状写が残存することになったのだろう。

このように氏康の公方への敬意と、公方連合の予期しない惨敗が、単純な戦後処理を困難にしたことから、「河越夜戦」という物語を生む要因を生じさせたのだ。

河越夜戦の模様

氏康は、公方に宣戦布告の手紙（氏康状B）を送りつけると、公方軍に接近した。近場に憲政の手勢が見えた。氏康の人数は８０００人。連合軍はその倍ぐらいいただろうが、実数はやはりわからない。

氏康が「かかれ兵ども」と軍団扇《いくさうちわ》を挙げて下知すると、一同「一命は義によって軽し」と挑みかかった。氏康状には、決戦の原因が公方側の不義にあると明記されていた。兵たちは「討ち死して我が名を青史《せいし》に残すべし」と、進んで決戦に身を投じた。

自らの権威と大人数にものを言わせて威服させようとした公方連合は、思わぬ反攻に圧倒された。しかもこれを見た城内の北条綱成が、氏康救援のため、門を開いて進み出た。挟撃された公方連合は覚悟を決めた。もともと「決戦」を決意していたのだから、その戦意は高かったに違いない。

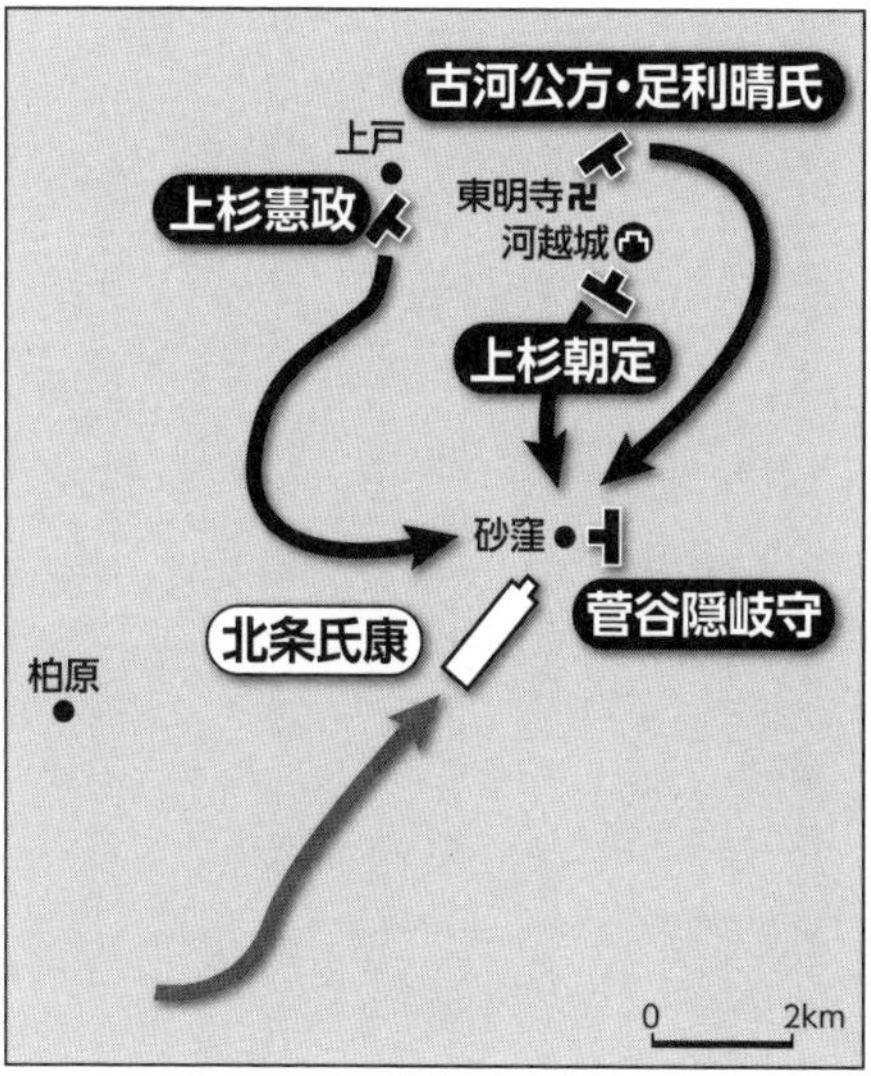

約1時間の交戦があった。この戦いは「河越夜戦」というが、これは徳川時代になって、氏康が10倍の敵に勝つには夜戦（あるいは夜明け前）でないと不可能だとする考えから生まれた呼び名である。実際の合戦は氏康が交渉決裂後に宣戦布告状を送ったその直後に行なわれたので、午後過ぎだったであろう。

その主戦場も河越というより、砂窪の地に

限定して見ることが可能なので、この戦いはこの付近で繰り返された「河越夜戦」の呼び名ではなく「砂窪合戦」と改める方が適切に思う。

砂窪合戦は、主戦派だった公方の側近たちと憲政隊が敗北したことで決着した。氏康の大勝である。公方と憲政は追撃を振り切って自領まで退避した。

戦後、氏康は「公方さまは側近たちの意見に惑わされて、憲政に味方しただけだから、責任は問わないが、今後はその身の程をよく考えてもらいたい」という方針で公方たちと和睦した。氏康は、亡父が忠節を尽くし、かつまた実妹の夫である公方個人に責任を取らせるつもりはなかった。

こうしてこの戦いを「憲政 vs. 氏康」とする構図が、生まれたのである。合戦の主謀者が、その責任問題のため、あとから入れ替わる例は武士の時代にしばしば見受けられる。戦後も生き残った公方と側近たちは、揃って氏康の威光にひれ伏すことになった。

こうして憲政は、公方ならびにその側近たちの采配のまずさを、ひとりで背負わされることになったのだ。その後、話に尾ヒレがついた。8万以上もの大軍を催し、小勢の氏康を侮って、油断を衝かれたという憲政の〝愚将伝説〟が作られたのだ。

物語の河越夜戦と、史実の砂窪合戦は、分けて再考すべきだろう。憲政は、公方のために尽力して切り捨てられたことで、数百年の汚名を甘受させられたのである。

【氏康状A】『歴代古案』［1］（『戦国遺文 後北条氏編』274号文書）

雖連々公方様（足利晴氏）御刷、是偏無其曲奉存候、既骨肉同姓（北条氏康妹）、宮仕ニ罷参候者、若君様（足利義氏）御誕生已来者、猶以忠信一三昧ニ、令逼塞候之処、去年号長久保（駿河国駿東郡）之地、自駿州（今川義元）被取詰処、憲政（上杉）為後詰、河越城（武蔵入間郡）を取巻、御動座之儀、頻被申上之由、其聞候間、氏康（北条）事も御膝下《ひさもと》ニ可罷有候得者、代官度々如言上者、此刻一方向之御懇切、可為迷惑候、唯何方へも無御発向者、互之依善悪、御威光可参候由、申上候処、過半有御納得、御誓句之御書、謹而頂戴、并拝読、奉成案堵（安）之思候処ニ、難波田弾正左衛門（善銀）・小野因幡守已下依申上、頓而被翻 上意、被出御馬、及両年被立御旗候之間、城中三千余人、籠置候者共、運粮用路塞候間、各及難儀由、承ニ付而、河越籠城之者共、御赦免候者、身命計被相扶候者、以手堅証人、要害可進渡之由、御膝下之面々ニ付而、令悃望候処、伊豆・相模者、悉此城ニ集来候事、又不可有之候、自懸天網之間、壱人も不可漏候、此等之儀、不可出申之由、断而御返答之間、失途轍候段、申越候間、氏康無拠、号砂窪（武蔵入間郡）地へ打出、以諏訪左馬助（武蔵国寺尾城主・諏訪右馬助ヵ）・小田政治代官菅谷隠岐守、雖未聞不見之仁、従御備之内招出相頼、河越籠城之者共、身命計御赦免者、其方人数為警固、只今要害為明渡可申、氏康罷召出候由、申上候処、御逆鱗以外《もってのほか》之間、重而難達 上聞之由、挨拶候之間、則諸軍砂窪へ押寄候之間、時節到来、難遁遂一戦、於当口案外切勝、憲政（上杉）馬廻ヲ為始、倉賀野三河守三千余人討捕候、就中、此度之讒者根本人難波田入道・小野因幡守討取候、散累年之宿望事共者、氏康心底正路之儀、天道之憐故、開運命候、誠不思議次第候、然者、先年亡父氏綱（北条）、以若干之 上意、内々御頼候間、依難有背君命、義明様（小弓公方・足利）奉退治、抽関東諸士励忠勤之事、都鄙無其隠候処、無幾程先忠御忘、可被絶其子孫御擬《くわだて》、君子之逆道、何事候哉、不善歟、不悪歟、御變（心ヵ）以何様不可被説候、爰許能々為御分、別令啓達候畢、恐惶謹言、

「一本（朱筆）ニ天文十五年四月廿九日ト有」

天文十二（五）

四月　日　　左京大夫

氏康（北条）

六月十日「一書ニ有之」

進上　簗田中務大輔（高助）殿

〈一説ニ此時氏康ヨリ軽部豊前守ヲ使者ニ被指越候由也〉

【氏康状B】『北条五代記』［巻之3・1］（寛永18年［1641］刊行）

河越籠城に付て連々　公方様御あつかひ、きよく《曲》なく存奉るといへ共、すてに骨肉同姓の宮仕に参られ候上《［者］》、若君様御誕生以来は、猶以忠臣《［信］》一三昧ニ、あふき《仰ぎ》奉る然処《［令遁塞候之処］》に、去年駿州より長久保の地、取つめ候処に憲政後詰として河越城をとりまき、其上、御動座の儀を、憲政しきりに申上らるゝよし、其聞え候、氏康事も御ひさもとに候へハ、此刻一方向に御懇切、めいわくたるへく候、たゝ何方へも無御はつかうなくたかひに善悪により、いか様御威光可あふき《［参］》候よし、申上候処に、過半御なつとく有て、御せいく《誓句》御書、謹而頂戴、再三《［井］》はいとくを経、安《［案］》堵の思をなし奉り候処に、難波田弾正忠《［弾正左衛門］》・小野因幡守以下申上るにより、やかて　上意をひるかへされ、御馬出され、両年に及ひ御はた立られ候間、城中三千余人、籠置候者共、運粮の用路をふさかれ候間、をの〳〵難儀におよふ由、承るに付、河越籠城のもの身命はかり、御赦免候ハヽ、要害あけわたすへきよし、申上候所に、御納得のへんたうの上氏康武州砂窪の地へ打出、諏訪右馬助・小田政治代官菅谷隠岐守、未聞不見の人に候といへ共、御陣中《［御備之内］》より招き出し、たた今ようかい《要害》あけわたし進へきよし、申上候所に城中の者ともハ、天の網にかけをき候間、一人ももらすへからす《枯》のよし、御ふくりう《腹立［逆鱗］》もつてのほかの間、かさねて　上聞に達しかたきよし、中使・挨拶の時刻をうつさす、諸軍一戦をもよほし下立《おりたち》砂窪へをしよせられ候、氏康時節到来のかれかたき《通難》の条、今日有無に一戦をとけ奉るへく候、先年も父《［亡］》氏綱、上意をもて《以》、内々御たのみの間、君命そむき難きによて《依っ》、義明様を追討《［退治］》し奉り、関東諸士にぬきんて《抽》忠勤をはけまし候事、都鄙まて其かくれなく候処に、いく程もなく先忠を御忘れ、其子孫を絶されへき御くわたて《［擬］》、君子逆道、なに事に候哉、不善与善・不悪与悪《［不善歟、不悪歟］》、君臣あまねくなんそも《以》てあふき《仰》奉るへく候今日一戦をとけ、氏康②心底、正路のき《儀》、天道のあはれみ、むなしからすハ、うんめいを開、塁年の宿望をはれ候へし此旨啓達せしめ候をわんぬ、

第9節　北条氏康という男——逃れがたき運命

謙信登場前の北条三代

永禄初期までの関東情勢はほとんど北条三代——伊勢宗瑞（北条早雲）、北条氏綱、北条氏康——が主導していた。かれらはいずれも並ぶ者のない戦功を挙げることで、旧勢力を屈服させ——または排除し——、その秩序を塗り替えようとしていた。

ここまで北条家が辿った道は、その後の織田信長《おだのぶなが》に通じるものがある。たとえば、尾張の奉行《ぶぎょう》から台頭した織田家が大名となり、地盤を固めていくその成り上がりぶり。備中出身の伊勢宗瑞も、遠く離れた東国で小身から大名に伸ばしていった。

信長は濃尾で勢力を増強すると、新将軍として足利義昭《よしあき》を奉戴《ほうたい》し、幕府再建に尽力した。宗瑞の子・氏綱が古河公方を推戴して関東平定に尽力した点によく似ている。

従来説では信長の戦略と行動を、かれ個人の大きな野心を原動力とするものとしてきたが、近年はより現実的な人物像が浮かび上がっている。

再構築される信長の人物像

信長は私利私欲ではなく、あくまで幕府を外護《げご》する地方大名で、なにより道義と節度を重視していた。それが近年の評価であるようだ。わたしもそう考え、私見を他著に開陳している(123)。

当初、信長は京都政治に積極的ではなく、なるべく距離を置こうとしていた。それでいて「本国《ほんこく》寺《じ》の変」など、将軍のためなら、身命を擲《なげう》ってこれを支援することを厭わなかった。

信長は戦国大名としての成功を夢見るよりも、幕府を中心に旧秩序を回復したいと考えるタイプの人物で、戦国の論理を否定する側に位置していたのだろう。

言うなれば謙信タイプの武将だった。そもそも当時は領土拡大より、こうした旧秩序を重視する大名の方が普通だった。信玄のような戦国大名らしい戦国大名の方がイレギュラーだったのだ。

ただし信長は万事につけて粗雑であった。気性も激しすぎた。幕臣と織田家臣の組織を未整理なまま混成させて、天下運用を進ませていた。これに将軍が意見調整を苦手とする気質であることが合わさって、両者に確執が生じた。やがて信長は半ば家臣たちの意見に押される形で、義昭を京都から追放して、決別を余儀なくされてしまった。不器用な信長は、将軍と仲良くできなかった。

そして北条氏綱・氏康である。

北条政権と伝統的権威

北条氏も東国で、未来の信長とほとんど同じようなことをしてきた。京都に将軍がいたように、関東には古河公方がいた。

氏綱は古河公方とその一族を尊重していた。公方から「小弓御所の偽公方を討て」と命じられれば、「小弓公方さまも自分にとっては尊い身分のお方です」と戸惑いを覚えたが、それでも主命に逆らえず、これを討ち取った。ただ氏綱は信長と違い、公方から「わが身内となってほしい」「正式の役職について我らを支えてほしい」と要請されると、これを断れなかった。

信長は「さすがに恐れ多い」とばかりに、将軍の一門になることや、副将軍の地位に昇ることは避けた。だが氏綱は「主命ならお受けせねば」と思ったのだろう。「氏」の偏諱《へんき》も受けている。もとを辿れば北条一族は、田舎大名の織田と違い、幕府奉公衆《ほうこうしゅう》の名族・伊勢一族出身である。だから公方の申し出を「身分違い」と拒絶することはできなかったのだ。

氏綱の後妻は、関白・近衛稙家《たねいえ》の姉である。北条家は伝統秩序を軽視していない。荒廃した鶴岡八幡宮を造営したのも氏綱だった。旧き権威を政治と理念の拠り所としていたのだ。これを不快に思う者も少なからずいた。関東の伝統的領主たちである。危機感や嫉妬心もあっただろう。西国出身の北条一族が、関東随一の勢力になり、しかも公方から破格の待遇を受けるなど手放しで歓迎することはできなかった。

このことは氏綱も気にかけていたらしく、氏康への遺訓に「大将によらず、諸侍までも義をもっぱらに守るべし(124)」と固く言い残している。人のプライドを傷つけている自覚があればこそ、身の律し方を戒めたのだ。

氏康は亡父の遺訓を、胸の奥深くに刻みつけていた。公方や伝統的権威に対して、配慮を重ねていた。だがあるとき、公方たちの横暴に耐え兼ねる事態が現出した。氏綱とは違う独自の「義」を示さねばならなくならなくなった。天文15年（1546）の砂窪合戦である。これは上杉憲政が主導したというが、実態は公方たちが主体だった。

腹を据えて公方と決別した氏康は、公方の側近たちを討ち破った。すると、関東諸士は一気に北条方へ靡《なび》いていった。以降、氏康は公方のみならず、かれら諸士に対しても厳しい態度を通していく。ここに関東の天下は決まったかに見えた。

関東諸士の画策

関東諸士の服属は、多くが形ばかりのものだった。隙さえあればいつでもという不満がかれらの中で渦巻いていた。かれらにとって問題は、そのチャンスがないことだった。上杉憲政は、相次ぐ敗戦で兵を失い、すでに実力はない。安房の里見義堯や常陸の小田氏治も、単独で北条軍と争う戦力がなく、盟主となれる求心力も備えていなかった。

これを憂えたのは、生き残った公方の側近衆であった。特に不満を持っていたのは、宿老の簗田晴助である。かれは氏康から強く警戒されて、居城の移動まで強いられた。簗田家が拠点とする関宿城は水運の要衝で、大きな経済的利権があった。ところがこれを「公方さまの古河城と入れ替わってもらいたい(125)」と氏康に取り上げられてしまう。どう見ても簗田晴助の反北条活動を警戒しての対策だった。

なおそれでも公方の一族は、氏康への「御謀叛(126)」を企み、またしても鎮圧された。

こうして北条政権は王道フェイズを外れて、覇道フェイズに移行することにした。氏康個人の本心など、反北条派には関係がない。氏康が覇権を確立する動きを見せている事実が重要なのだ。かれらは、これを口実に形成逆転のチャンスを探し続けていた。

その頃、北条軍の圧力に弱体化した憲政は居城を捨てて逃亡した。公方側近の簗田晴助や、謀将の里見義堯らはその動きを見逃さなかった。

憲政を受け入れたのは、越後の長尾景虎である。若い景虎は、伝統秩序に理解が深く、弱者にも優しかった。しかも信仰心が篤く、義侠心に富んでいる。合戦の腕前は、川中島で実証済みだ。

短気で身勝手なところはあるが、この点さえ除けば、かれらにとって理想の盟主となりえるキーマンだった。

越山前夜

関東の情勢は、まさに嵐の一歩手前にあると言えた。

北条政権は関東を綱渡りのようになんとか落ち着けていたが、先のことはまだ見えていない。いずれ公方の忠臣に立ち返り、王道路線に戻ることを望んでいたのかもしれない。だが、それも難しかった。関東には不満分子がまだどれだけ隠れているかはっきり見えておらず、いつなにが起こってもおかしくなかったからである。

いまは公方外戚としての立場を活用して、覇道を突き進む以外にない。これを野心の顕れと批難する声があることは、氏康も身をもって学んでいた。反発に萎縮するより、眼前にある百姓万民のための政治を考え、後世に託すに相応しい体制を築くしかない。明確に言語化された形跡はないが、北条一族には独自の責任感があったのだろう。

氏康は、すでに古河公方を足利晴氏から次男の義氏に交代させていた。義氏は氏康の甥である。これで表向きの仕組みは整った。内側に向けては、撰銭《えりぜに》の規定を決め、目安箱を設けることで、民政の基礎を固めていた。このように氏康はモデルなき理想の道を歩むにおいて、最善を尽くしていたのだ。

それでもまだ関東は不穏であった。打ち続く関東諸士同士の抗争、3年もの長きにわたる疫病と飢饉の流行——。これらに伴い、民政軽視の悪評が立っていた形跡すらある。

もちろん、これらの責任が氏康にあるはずもない。伝統権威や領主および庶民のために善政を心がけていたが、〝親心子知らず〟の言葉通り、為政者や事業主の人情や遠望が、対象にそのまま伝わることはとても少ない。その善意が、さかさまの悪意で曲げられることもあったのだ。

その最中である永禄2年（1559）12月に、氏康は息子の氏政《うじまさ》に家督を譲ることを表明した。さらに翌年、徳政令を発して、民情の安定化を図った。

氏康の心境ならびにその政治的意図は不明だが、ここまでやるべきことをやり遂げた気持ちがあったのかもしれない。

だが、氏康はまだゆっくり休むことを許されていない。だれが許していないのか。それは敵であり味方であり、万民だった。〝向こう傷〟の氏康もおのれが運命から逃げることを許しはしないだろう。

運命の謙信越山は、永禄3年（1560）に迫っていた。

《番外編・弐》　関東管領の正当性

北条氏康の書状から

北条氏康と上杉謙信が同盟を交渉しているときに、それぞれが推戴する関東公方と、自身の関東管領の役職をどうするかが議論された。最終的に関東公方は氏康が奉じる足利義氏に、関東管領は謙信が継承し続けるということで落ち着いた。謙信が奉じた公方・足利藤氏は、すでに故人であった。

ところでこのとき氏康は、謙信に興味深いことを伝えている。

その昔、亡父の氏綱が古河公方さまの下命に応じて出陣し、国府台で一戦を遂げ、小弓公方の御父子3人を討ち取りました。この勲功により、管領職を仰せ付けられ、御内書を2通頂戴しました。本来この筋目に基づいてこちらの考えを申すべきところと思いますが……[12]。

これより30年ほど前に、古河公方が北条を関東管領に任じたというのである。

この書状をよりわかりやすく説明しなおすと、氏康は「関東管領職は関東公方さまにより、わたしの亡父に任じられました。本来ならこの論理で交渉するところですが、あなたのところへわたしの身内が養子に入るので、余計なことは申しません」ということを述べている。謙信は、氏康に対して自身が関東管領であることを認めるよう強く主張していたのだろう。

この古文書は以前から注目され、よく引用されていたものの、この時代の重大な問題を浮かび上がらせる史料として見られることは少なかった。それは「上杉憲政がほんとうに関東管領だったのか」という問題である。

関東管領・上杉憲寛の没落

このような疑問を抱いているのは、近年ではわたしひとりかもしれないが、このまま聞いてもらいたい。

管領の役職は、京都の足利将軍に任命権があるとの認識が一般的である。しかし実態としては、関東公方が任命して、これに将軍が追認する因習が続けられていた。特に山内《やまのうち》・扇谷・犬懸《いぬがけ》の上杉家が入れ替わって世襲しており、憲政の時代まで将軍が積極的に任命権を主張することは避けられていた。それが享禄《きょうろく》4年（1531）、関東管領・上杉憲寛《のりひろ》が失権する事態に陥る。上野国内の諸将に追放されたのだ。

もともと憲寛は上杉一族の出身ではない。関東公方こと古河公方である足利一族から養嗣子となり、関東管領を継いだものだった。それなのに、よりによって古河公方の敵である小弓公方に寝返った。このため、上野国内で大きな反発を集めて、多くの領主たちを敵に回した。こうして居城を奪われた憲寛は他国へ逃れ、それまでの立場を失った。これにより関東管領の役職はかれら国人衆に奉戴される上杉憲政のもとへ渡ったとされている[128]。

しかし、このような下克上同然の経緯で、憲政が役職をつつがなく相続できるだろうか。憲政はまだ9歳の幼年である。この時代の役職は、拠点を逐《お》われただけで自動的に失なわれるものではなかった。そして冒頭で示したように、古河公方は天文7年（1538）に宿敵の小弓公方を滅ぼした北条氏綱を関東管領に任じた。するとここまで管領職はもはや空位に見られていたと考えるのが自然だろう。少なくともそれが公方と北条と関東における一般認識だったと思われる。

もし憲政が現職の関東管領であると広範囲に認められていたなら、公方がこれを氏綱に任じるのは、その剥奪を意味するわけで、紛争または争論の種になるはずである。ところが、そうした事態には至っていない。

当時の関東諸士には「憲寛はもう関東管領とは言えないだろう」「憲寛を追放した国人たちが推戴した幼君は山内上杉の家督を宣言したと言うぞ」「あれは傀儡だ。そもそも管領は山内の世襲だったか。扇谷の上杉が健在で、犬懸の末裔も生きていようが」「いっそのこと上杉以外がなってもよかろう。たとえば安房の副帥殿（里見義堯）」「あれは小弓派だったではないか」という認識があっただろう。

関東管領・上杉憲政の正当性

それでも憲政自身は「自分こそ正当な関東管領なのだ」と考えていたかもしれない。だとしても、それはあくまで山内上杉家中の内側だけに通じる物語であって、外側からこれを認めるものなどいなかっただろう。

憲政派に上野の居城を奪われた憲寛は、上総へ亡命して足利一族出身の地位を保っていた。そこで上杉の苗字を捨てて、足利の傍流として生きることにした。

関東公方にすれば、かれが小弓派に味方した時点で、管領職は無用の長物と化したも同然で、これを剥奪して補任しなおす意義など覚えなかっただろう。9歳という年齢で管領を継承した先例もなかったので、憲政の任命も急がれなかった。

関東管領・上杉憲政という存在は、微妙な立ち位置にあり、そうした正当性の脆弱さが、関東公方・足利晴氏による新たな関東管領補任につながってしまうのだった。

関東管領・北条氏綱と氏康の正当性

大永《たいえい》2年（1522）までに足利一門となる予定だった[129]北条氏綱が、小弓公方を滅亡させた。前代未聞の大手柄に喜んだ足利晴氏は、氏綱を関東管領に任じた。これは、征夷大将軍に就任した足利義昭が、最大の功績者である織田信長を副将軍か管領にさせようとしたのと同じ構図だろう。

こうして関東管領の役職は、関東公方の意向によって北条家に渡った。北条家はその後、自分たちが関東公方の「御一家」であることを強調したが、「管領」であることは主張しなかった。すでに名誉職の側面が強くなっていたのだろう。

その後、足利晴氏は憲政と組んで氏康と戦うが、このときの憲政が管領の立場を主張した形跡はない。過去に晴氏がこれを氏綱に任命したのを否定する力は、憲政にもなかったのだろう。しかし晴氏と憲政は、北条氏康に惨敗して、関東における存在感を著しく落としてしまう。こうして北条政権はその地盤を固めた。

とはいえ、冒頭で見てもらった氏康の言い分にもいささか問題がある。父の氏綱が関東管領になったからといって、父の死後、これを氏康が自動的に継承できるのかという問題である。こんな世襲でいいなら、管領は山内上杉のもとに戻ってもおかしくないことになってしまう。この論理で考えると、氏康は関東管領になったともいえるし、ならなかったともいえてしまうのである。

このように関東管領職は、だれにとっても正当性の曖昧な役職になりつつあったといえる。

関東諸士の要請で名代職に就任

そこへ上杉謙信（当時は長尾景虎）が登場する。

謙信は関東諸士と連合軍を組み、北条攻めを敢行した。かれらの望みは、北条の傀儡と化した関東公方の更迭であった。東国全土を転覆するための下克上である。

さらに京都から関白・近衛《このえ》前久《さきひさ》が下向して、謙信を支援した。ふたりの望みは関東の軍権を預かり、これを用いて上洛することにある。

関東連合軍は、鎌倉を制圧。そこで謙信が、長尾景虎から上杉政虎へと氏名を改めた。しかもこのとき関東管領にまで就任した。家督と役職を授かった謙信は、これまで尽力してくれた関東公方の宿老・簗田晴助に謝辞を書き送る。

　今回はご親切に上杉憲当《（憲政）》の名跡（山内上杉の家督）一切を与奪するよう、万事にご仲介くださり、お礼の言葉もありません。名代職（関東管領の名代職）をお受けするのは、まことに斟酌千万なことと思われますが、皆さんが何度もご意見されますので、ひとまず従うことにいたしました。こうして、それぞれの誓紙を預かることになり、本望に存じます[130]。

ここに謙信が、現地諸士の「皆さんが何度もご意見」してきたため、受け身の姿勢で、山内上杉家の「名跡」と関東管領の「名代職」を受けたことを認めることができる。これらは謙信が望んで求めたのではなく、関東諸士の要請で授かることになったのだ。

将軍の事前許可を得ていなかった

通説だと謙信は、関東管領職と上杉家督を譲り受けるため、入念に準備して関東に攻め入ったとされており、わたしも長らくそう考えていた。ところがそうした説明は徳川時代の歴史書に記述されている解釈であって、当時の史料を見ると、どうもそうではないらしい。

続けて関白・近衛前久が、謙信に宛てた同時期の書状を見てもらいたい。大胆に意訳させていただくが、できれば脚注の原文を確認願いたい。この書状で関白は、謙信が現場の勢いに押されて役職を受ける戸惑いを宥《なだ》めている。

［前略］憚りながら、去年以来の長陣で、国を治め、民を助けられる采配ぶりを、文武両道のことと思います。さてまた皆さんが『山内上杉氏になるべきだ』と提案されたことに『畏れ多い』と心配しながらも賛成して、決断されましたことを、とてもめでたいと思います。これ以上、遠慮する必要などないでしょう。特に2年前の在京時、岌州《ぎゅうしゅう》を介して、将軍・足利義輝《よしてる》さまに申し上げ、御自筆の文をもち、わたしたちに対して告げられた内容に沿っていることですし、そこへさらに関東管領職を幕府から公認されれば、非難されることなどありえましょうか。もしそういうこと（幕府の追認）がなくとも、もはやこれは運命です。［中略］上杉氏に改められることは珍重で、特に藤原氏となるわけですから、わたしにとっても祝うべきことと存じま

す[131]。

この書状で特に注目されたいのは、足利義輝の「御自筆の文」に書かれた「文言」通りにことが進んでいて、関東管領職の就任も「幕府から公認されれば」とある部分である。前半部の将軍自筆の文言というのは、上杉家文書として現代にまで保管されている御内書である。

補足説明すると、2年前の謙信在京時、義輝は前久に、謙信の関東進出を後援することを指示した6月11日付起請文および同月11日付御内書がある。

1通目の起請文には「密かにお聞かせいただいた数々の件、一切他言することはありません[132]」とある。2通目の御内書では「謙信が、『国を失おうとも、ぜひ忠節を尽くします』と思い切ったというのは重大な覚悟です。これにより（謙信が）下国するときは申し出るように。そうしたら、こちらから異論を唱えることはありませんので、まずは段取り通りに帰国できるようにしてください。これらの趣きは（謙信に）こっそりと伝えておいてください[133]」とある。

関白が謙信に送った書状に記されてある「御自筆の文」というのは、この2通目の御内書のことであろう。ここでは、謙信が上杉家の名跡や名代職に就任することは言及されていない。謙信が在京を中止して越後に帰国するまでの段取りを伝えているのみである。関白はこれ以前に謙信と密談を行い、「長尾一筋」となって、ともに「密事」を進める秘策を打ち立てていた[134]。

この「密事」とは今回の関東経略を指すものである。つまり前久は、ここまでの戦略は在京時の打ち合わせ通り、将軍の意向に沿ってきたと述べている。しかし、後半部で、関東管領就任を「幕府から公認されれば」という主旨のことを述べている。つまりこの書状から、謙信が上杉家の名跡と関東管領の名代職を授かることについて、将軍の指示や意向など関係なく決まったことがわかる。

ついで永禄7年（1564）8月4日付書状で、幕臣の大館晴光《おおだちはるみつ》に謙信が伝えた本件の内容を見てみよう。重要な部分に傍線をかけておく。

［前略］病気の憲政に代わって名代職を受けるべきだと、連合軍が同心して推薦されましたことは、何度も懇望されたと言っても、若輩の自分には不相応で、特に上意を奉っていないのに私の都合で受けることはできないと、何日も議論しましたが、八幡宮の神前で諸士に迫られ、［中略］『憲政の病気が回復するまで、その旗を預かることにいたしましょう』と返答しました(13)。［後略］

ここに「上意を奉っていないのに」とあるように、長尾景虎が関東管領・上杉政虎となることは、将軍からの事前許可を得ていなかったのだ。

一連の史料から、従来の歴史観（長尾景虎は上杉憲政に家督と役職を譲られる約束を受け、京都の将軍・

足利義輝にその許可をもらい、関東の北条家を攻めたというストーリー）と、管領就任までの経緯《いきさつ》が一致しないのは、明白である。

謙信は将軍と関係なく、現地諸士の要請で、上杉氏の家督ならびに関東管領を継ぐ決断を迫られた。そしていきがかり上、否を言うことができず、名代職という形で受諾してしまったのである。

関東管領名代・上杉政虎の正当性

2年前の謙信と関白と将軍のやり取りのなかで、謙信が関東管領に就くことを許可する文言はまったく見出せない。唯一その証拠と見られている6月26日付の将軍御内書に、「関東上杉五郎《憲政》進退事、向後儀、景虎以分別令意見、馳走簡要候」と、謙信が憲政の進退に意見することを公認するものがあるだけである(136)。これは多くの研究者がそう見るように、関東管領の継承を公認する内容ではない。すでにこのとき引退して「光哲」を名乗っていた憲政を還俗させて関東経略の旗頭とすることを許しただけのものであろう。

それにこのとき、謙信が関東管領に内定していたのだとしたら、関白が下向し、謙信が関東全域で大将と認められた段階で、自発的に幕府まで許可を求めて、即座に承認の使者を往還させるべきであるが、そうした工作は進められていない。

ここまで見る限り、謙信は山内上杉の家督を継ぐ予定はもともとなく、関東管領になったのも不意のことで、それも憲政の意向ではなく、関東諸士の総意という民意によって得たのであった。

これは贅言《ぜいげん》かもしれないが、謙信次代の上杉景勝が関東管領を称しなかった事実も重要だろう。管領は謙信一代限りの名誉職で、景勝には不要なものなのだった。また憲政が北条への憎悪から謙信に越山を要請したという通説も、越相同盟に反対した様子がないばかりか、御館《おたて》の乱で氏康の末子・上杉景虎《かげとら》に味方した事実から見て、実証どころか反証材料ばかりが豊かで、再考の余地がある。

ようやく得られた正当性

これら〝関東永禄の政変〟とも言うべき一連の体制変更は、関白と謙信の密約に乗じる関東諸士の総意に主導されたもので、謙信の関東管領就任も私称同然の状態からスタートされた。これを関白が合意することで、公称と化したのである。

そしてそれは、永禄12年（1569）の越相同盟により、北条家の容認を得て、ようやく歴史的に正当化される体裁を得た。約8年もの間、謙信は現地諸士の要請で関東に越山を繰り返してきた。その間、謙信とともに戦った者たちの大義を守るため、氏康に自身が関東管領であることを認めさせようとした。

その願いは果たせたが、北条家と確執の深い現地諸士はその心配りにも反発して、結局は既存の体制（公方と管領による関東秩序）から独立することになっていくのであった。

第二章

上杉政虎の誕生

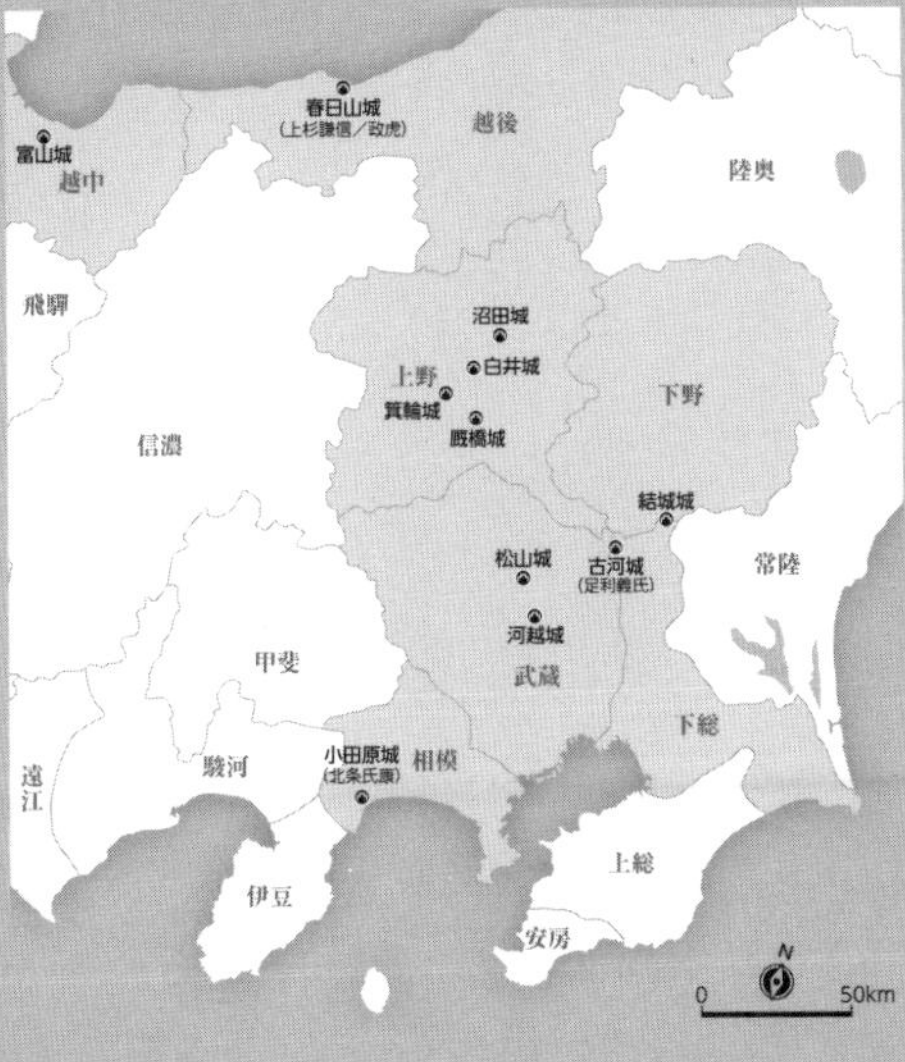
春日山城
（上杉謙信／政虎）
越後
富山城
越中
陸奥
飛驒
沼田城
白井城
上野
箕輪城
厩橋城
下野
信濃
結城城
松山城
古河城
（足利義氏）
常陸
河越城
甲斐
武蔵
下総
小田原城
（北条氏康）
相模
遠江
駿河
上総
伊豆
安房
N
0
50km

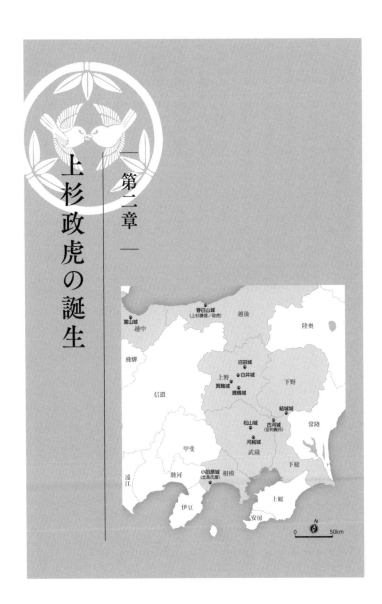

第10節　長尾景虎の上洛

「大国の越後」の若き太守

越後――いまの新潟県である。現在この地は「米どころ」として米の収穫量日本一を誇っている。すると中世時代はさぞや豊かな石高を誇っただろうと思われるかもしれない。だが、意外にも中世の越後はあまり米が獲れなかった。

それでも戦国の群雄たちは「長尾代々大国の越後(137)」と、その豊かな財力と人口に一目置き、越後を統治する太守の軍事力を恐れた。越後の太守とは、長尾景虎である。

景虎は19歳で兄から家督を譲り受けた。その後、反乱分子をことごとく抑えて越後に君臨した。米沢などに現存する景虎の遺品は類のない高級品ばかりである。国宝級の刀剣類もたくさん秘蔵していた。大変な金持ち太守だったのだ。石高がなくても景虎の資財は潤沢だった。ではその財源はどこにあったのだろうか。

まず直江津や柏崎などの港湾都市、ついで国内の金山や銀山を直轄していた。しかも特産品として、青苧《あおそ》という繊維の素材があった。永禄2年（1559）、景虎は2度目の上洛に際して、これを朝廷や幕府の要人たちに献上した。するとかれらは越後布から作られた衣類でわが身を飾った。

これが景虎の狙いだったのだろう。パリコレやハーパーズバザーみたいな広告媒体がない時代、トップセレブの貴人たちが自発的にモデルとなれば、その宣伝効果は抜群である。

豪奢な衣装は、地方からの来客の目を驚かせたに違いない。こうして越後の特産品は、京都から販路を広げていく。戦国時代というが、景虎の財源はこのように戦争ではなく、平和を前提とする経済で拡張されていたのである。

ただし景虎が京都にきたのは、商談だけが目的ではなかった。景虎は自慢の武装行列を連れていた。武装行列は、越中《えっちゅう》・加賀《かが》・越前《えちぜん》・近江《おうみ》諸国を渡ってきたにもかかわらず、乱れたところがなかった。景虎はこの規律正しい行列を将軍のお目にかけて、自身の武威を示すつもりであった。幕臣たちたっての希望でもあったのだろう。

この頃、京都の将軍・足利義輝は、相次ぐ争乱でその実力を失墜させており、畿内での政治的基盤が安定していなかった。特に畿内政権である三好長慶《ながよし》の権勢ぶりを快く思っておらず、その関係は関東でいう古河公方と北条氏康の確執に近いものがあった。そこで地方の有力太守である景虎を側に招いて、将軍権威の健在ぶりを誇示したかったのである。

将軍の喜びと不安

景虎の上洛に、義輝はとても喜んだ。景虎はこのとき30歳、将軍は24歳の若さであった。

義輝は諸大名の和睦を斡旋したり、太閤・近衛稙家の娘（関白・近衛前嗣《さきつぐ》の姉）を娶ったりするなど、幕府復権に意欲的だった。将軍の求心力は回復に向かい、尾張の織田信長が少人数で上洛して拝謁を望むほどだった。それでも義輝は不安でいた。

大軍を連れて在京する景虎が、いつ帰国を望み始めるかわからなかったからである。

おそらく将軍と景虎の当初のシナリオは、越後軍が長期的に在京することで、京都政治を刷新《さっしん》することにあっただろう。「大国の越後」の軍勢が「わが国のことを気にする事なく、将軍様の御前でご奉仕する[138]」という覚悟で越後を空国同然にして、畿内に滞在する。応仁・文明の乱以前の守護大名が当たり前にやっていた将軍への奉公だった。景虎がこれを率先垂範して実践し、諸大名が少しずつでもこれを見習えば、戦国争乱は確実に終わる。そう考えたのだ。甘いといえば甘いのだが、世の乱れを是正するにはこれ以外の方策はないと信じていたのだろう。

戦国時代をテーマとする歴史ゲームでは、富国強兵と国家然たる外交を展開して、領土拡大の戦争を進めていくのが当たり前となっているが、この時代をリアルタイムに生きていた者たちは、そういう様式を是としていなかった。戦乱が打ち続く現状は異常事態であって、平和を前提とする秩序と経済が成り立って然るべきと考えていたのである。本来そういう理想を目指すものとして、京都の幕府政治と、地方の大名秩序があったのだ。

戦国終焉の初期シナリオ

実際、近現代の係争地においても戦乱を是とする者は多数派ではない。戦国の群雄もそうではなかったから、みなそれぞれ紛争の目的が見えず、ただ終わりなき戦場を生きているのであった。

通説では、景虎の上洛は「庇護する上杉憲政から、管領の役職と上杉の家督を譲り受けるため、その許可を将軍に求めるのが目的だった」と言われている。わたしも長らくそう受け止めていた。だが、よく考えたらおかしいことに気づいた。

一次史料を見ると、景虎がそのような理由で上洛した形跡がないのである。それに、将軍たちは、景虎が帰国しない前提で対応している。それに景虎がもし関東管領上杉一族の惣領になるつもりなら、帰国が前提となるはずだから、景虎が将軍の御前に「国を捨てて出仕します」という名目自体が成り立たなくなる。将軍と景虎の初期シナリオに憲政は関係なかったと考えるのが妥当だろう(139)。

さてその景虎の国許《くにもと》には、武田晴信に故郷を奪われた村上義清《よしきよ》がいた。景虎が晴信と抗争を繰返したのは、義清らの旧領を奪還するためだった。北条氏康に関東を追い出された憲政もいた。関東では反北条派の諸士が、憲政の返り咲きを望んでおり、東国情勢次第で、景虎は在京どころではなくなってしまう。

そして義輝は景虎在京を、幕政好転のカードとして有効活用できておらず、三好政権との関係が改善される見込みもなかった。この数カ月で景虎を見習って、諸大名が在京を考える機運は作れなかった。景虎の長期在京計画は、その希望的観測に反して、なんの効果もなかったのである。かれらは戦国終焉の初期シナリオが破綻したことを認めざるを得なかった。

こうして行き詰まった義輝の失意ぶりを見て、景虎に接触を望む貴人があらわれる。義輝と同い年の藤氏《とうし》長者・近衛前嗣（後の前久）であった。

関白・近衛前嗣の接触

前嗣は関白である。関白は公家の最高位に値する重職である。

しかし政治的権限は、これまでになく縮小していた。前嗣は、旧友の僧侶（岌州）に対して、いまの情勢を「京都無念なる条々[140]」と嘆いた。しかも自分の無力さに嫌気を募らせ、近日中になにもかも投げ捨てて西国へ移り住みたいと決意を固めようとしていた。そこへ現れたのが景虎だった。

景虎は、将軍を補佐するため大軍を率いて上洛してきた。だが、いざ軍勢を連れてきたところで、それですぐ京都情勢を変えられるわけではなかった。この点、将軍も景虎も自らの短慮を反省していたことだろう。関白はせっかくやってきた景虎がなにもできずにいるのを将軍経由で聞きつけ、これを利用しない手はないと考えたらしい。景虎に、密談したい旨を打診した。

景虎も前嗣の来訪を受け容れ、同年（1559）6月21日、坂本の宿で顔を合わせた。

血書の誓いに見るシナリオの変更

前嗣と景虎は、そこで密約を交わした。そのとき前嗣が血でもって「長尾（景虎）を一筋に頼み入る」としたためた起請文が現存している[141]。前嗣の血書には、東国への「下向之事」と「密事不可有他事」という深刻なことが記されている。また、景虎の「進退同前（然）」となる覚悟を「日本国中大小」の神々に誓いを立てている。

このあと景虎は帰国準備に移り始め、また将軍・足利義輝から「信濃の武士たちを景虎がまとめるのが重要である」「憲政の今後について景虎が自分の考えで意見を加え、馳走するのが重要である[142]」として、東国の采配を後押しされていく。

ほかにも管領や伝統守護クラスでないと許されない「屋形」号の許可や「塗輿《ぬりこし》御免」や「裏書《うらがき》御免」など、破格の特権を惜しみなく与えられた。この特権は他日もらったものと合わせ、後世に「上杉七免許」といわれている。

このときに景虎は将軍から上杉家の家督と管領の名代職[143]を譲り受け、東国の統治を託されたのだろう。これは将軍が景虎の帰国を認め、武田の信濃支配と北条の関東支配を否定することになる。将軍はなぜこんなハイリスクな決断をしたのか。もちろんその方が幕府にとって大きな見返りがあると踏んだからである。ここから将軍と関白と景虎の密約を類推することができる。

かれらは景虎の実力に全幅の信頼を置いた。そこでまず、朝廷・幕府の権威を後ろ盾として、景

越左史料 巻4より「近衛前嗣誓書」国立国会図書館

虎が東国の群雄を束ねる。その後、景虎が大軍を連れて再上洛する。こうすれば京都政治を一新することができる。

景虎は、財源豊富な越後をうまく統治しており、その用兵も日本無双と評判が高い。伝統的権威を尊重し、かつ平和を願う気持ちが強く、信仰心も人一倍だ。関白と将軍にとってこれほど頼もしい人物はいなかった。

こうして景虎は、戦国争乱を速やかに終わらせる密命を授けられた。その胸のうちは、大きな使命感で膨らんだことだろう。だが、京都で戦国終焉のシナリオが描かれたことを、まだ上杉憲政はもちろん、現地の関東諸士たちも一切知らされていなかった。そしてそのひと口に食うべき〝天下餅《てんかもち》の絵〟は、絵に描いた餅となる。

第11節　足利義輝が見た「大名行列」

1500人の景虎親衛隊

永禄2年（1559）、京都――。

昨年まで近江に逃れていた将軍が帰京して、その祝いというわけでもないが、諸大名が拝謁を求めて上洛していた。そのうちのひとりに越後の太守・長尾景虎の姿もあった。

前節では景虎が、将軍・足利義輝と関白・近衛前嗣と親交を深め、密命を託されるところまでを説明した。今回はかれらが景虎に絶大な信頼を寄せる一因となったであろう景虎の軍隊編成について述べることにしたい。

まず上洛時の兵数を見てみよう。これは史料によって大きな差異がある。徳川時代前期に諸藩が編纂した『謙信公年譜』『細川家記』『上杉家譜』などを見ると、景虎は5000余人を連れて畿内に入ったという。軍記類を見ると、『武辺咄聞書』は3000人、『鎌倉管領九代記』『小田原記』は300人、『重編応仁記』は50余人と記している。

もっとも確度が高いのは当時の史料である。公家の日記『言継卿記』を見ると、京都に入ったのは1500人ほどとされている。これが実態に即した兵数だろう。

5000人と比べると少ないが、それでもこれだけの人数を連れて在京した大名は、同時代では景虎だけで、前代未聞の大人数だったのは間違いない。大名の直属軍は「旗本《はたもと》（馬廻）」と呼ばれる親衛隊で、これらは精鋭中の精鋭であった。景虎が動員したのもこの「旗本」である。越後最強の兵団が本国にいないとなると、その国防はかなり手薄になったはずである。実際、その留守を武田晴信に狙われて、威力偵察を受けている。

それでも景虎は「国之儀を一向に捨て置いて」構わず、今後も将軍さまに奉公するつもりだと述べている。将軍たちは景虎の覚悟に心から驚き入った。

景虎の旗本行列

上洛の6年前、長尾景虎は川中島で武田晴信と合戦を開始。以後、3度ほど紛争を繰り返している。ここで景虎が開発したのが、村上義清から継受した移動型隊形である。これは「車懸り」と呼ばれる作戦と組み合わせることで、その効果を最大限に発揮する画期的な隊形だった。

簡単に説明しよう。まず全軍が敵の旗本以外の軍勢をすべて足止めする。そして自身の旗本で、敵の旗本に突き進む。これが俗に言う「車懸り」の戦法である。

景虎はここで、自身の旗本が常勝するための仕組みを編み出していた。「五段隊形」である(144)。

景虎の旗本は二列で移動した。

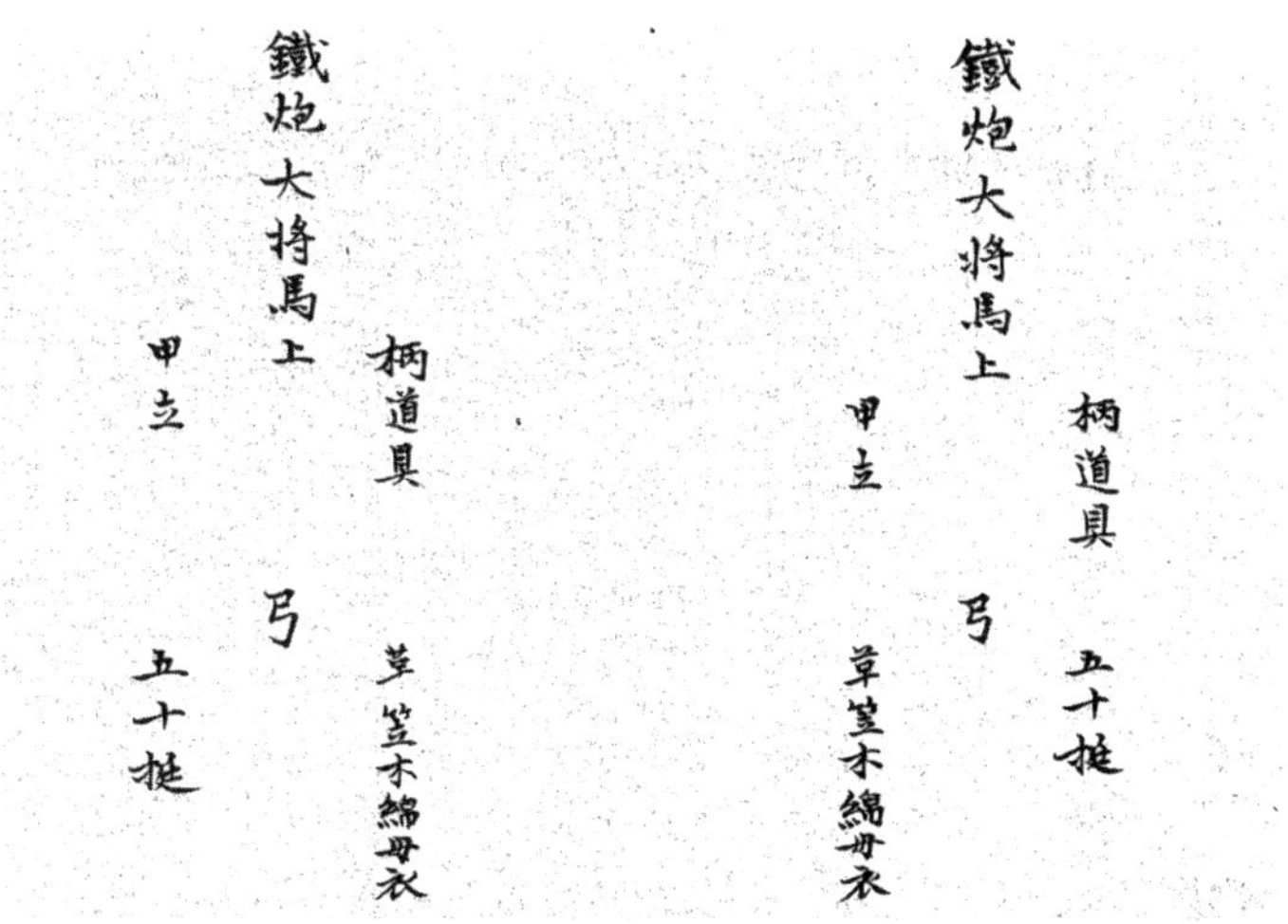

鐵炮大将馬上
柄道具　五十挺
甲立　弓
草笠木綿母衣

鐵炮大将馬上
柄道具
甲立　弓
五十挺
草笠木綿母衣

『謙信公御年譜』巻七「御馬廻之軍列」（部分）東京大学史料編纂所

はじめは先頭に鉄炮隊の歩兵がその足で進む。敵の旗本を視認すると、縦列から横列へと左右に展開する。すると、あとに続く兵科も前に倣《なら》って、いくつもの横列を作っていく。鉄炮隊は銃撃を繰り返す。次の兵科は弓隊で、これも弓射を繰り返す。当時、野戦で遠距離武器を一斉射撃する用兵はなかったので、これを食らう既存の旗本は間違いなく色を失う。まさに「初見《しょけん》殺し」だ。その刹那を狙って長柄の鑓が突進して、敵の歩兵を押し込む。敵の動きを拘束するのだ。そして、旗持ちの誘導で、決戦兵科の騎馬隊が敵の旗本奥深くへ殺到する。完全武装の景虎もそこにいる。狙うは総大将の首ただひとつ。得意の「自身太刀打ち[145]」で勝負をつける。

これは上田原合戦で村上義清が使った戦法

だった。義清は武田晴信の密集隊形を打ち崩し、騎馬突撃を成功させた。このとき、晴信を負傷させる戦果を挙げたが、討ち取るまでには至らず、最後には村上軍総崩れという大敗に終わった。

失意に落ちた義清は越後の景虎にこの用兵を教えた。すると景虎は、大国越後の財力と人材をすべて費やし、義清以上に武装と訓練を徹底化した。このため、川中島ではいつも武田軍が長尾軍との正面対決を避ける構図が繰り返されることになった。

中世に現れた近世の軍隊編成

こうして「車懸り」と「五段隊形」の合わせ技は、敵の旗本を混乱させて、総大将たる晴信を殺害するためだけのものである。戦場で敵の総大将を暗殺する、それがこの作戦の目的だ。景虎はこれを得意の戦術として完成させた。このとき、この作戦隊形を扱えたのは景虎だけである。こんな隊形はだれも必要としていなかったのだから当たり前だ。

上洛した景虎は、会う人々に「信濃ではこんな隊形を使い、あの晴信めを逃げ腰に追いこんでおりました」と自慢してまわったことだろう。この隊形には楯突く者たちを押さえ込む威力があり、信濃の川中島で武田軍がその鋭鋒を避けてまわるほどの実績があった。

上杉家の藩史では、その行列を「甚だ以《もっ》て厳重」で「騎士列を乱さず卒伍《そつご》甚だ号令を相守る」という厳粛ぶりで、市街では「男女群集し、十二街道に充満して行粧《ぎょうそう》を見物す」という有様だったと記録している。

ちなみにこの隊形は、その後、武田や北条が模倣した。豊臣時代にも朝鮮半島で活躍したことが、海外の記録に残されている(146)。そして徳川時代になると全国の大名が、景虎の兵科編成をほとんどそのまま取り入れた。参勤交代などの「大名行列」がそれだ。景虎は近世の軍事技術を先取りしていたのである。

関東経略の始動

足利義輝は、近世の大名行列をその目で見た唯一の室町将軍である。もちろん義輝はこの隊形がその後、日本の基本兵制となっていくことなど知らない。ただ、その異容な並びと所作に言葉を失ったことだろう。

景虎の上洛には、越前の朝倉義景《あさくらよしかげ》が積極的に協力していた。当時の朝倉領内にはまだ無名の明智《あけち》光秀《みつひで》も滞在していたから、ひょっとしたら光秀も見物人または先導役の兵卒として、景虎の「大名行列」をその目で見たかもしれない。

ここで近衛前嗣である。前嗣は景虎を「頼もしい」と絶賛したあと、坂本の宿で血書による密約を結んだ。そして景虎に帰国を促し、東国経略の工作に動き出した。ちょっと夢想が過ぎるようにも思えるが、これを実現可能だと考えてしまうほど、景虎の軍隊に信頼を寄せたのである。こうして前嗣は「もったいなや、景虎殿。もしこれを川中島ではなく、関東で使ってみせれば、だれが楯突くだろうか。俺が後ろ盾に立つ。これで天下は思うままになろうよ」と唆《そそのか》したのだろう。

かくして前嗣に喉元をくすぐられた景虎は、俄然《がぜん》やる気になって、帰国準備にとりかかった。ここから景虎の関東経略がスタートしていく。

第12節 「上杉七免許」の効果

景虎帰国の理由

永禄2年（1559）秋、上洛していた長尾景虎が、越後の春日山城に帰ってきた。しかも、「上杉七免許」と今に俗称される莫大な特権を手に入れていた。途方もない成果であった。これを機に、越後のみならず、東国一帯が劇的に揺れ動いていく。

ところで通説によれば、景虎上洛の目的は、関東管領職・上杉憲政から役職と名跡を譲られる内意を得たので、その許可を将軍に求めるために行なわれたと言われてきた。だが、もしそうなら、憲政自身も上洛するのが筋であるだろう。なのに、景虎は憲政と一緒ではなかった。また景虎在京中、「景虎帰国の噂があり、これを聞いた将軍が呆れている」という噂が立った。将軍は「根も葉もないいい加減な話である」とこれを否定し、「予は景虎が国を捨てる覚悟で在京しているのをよく理解しているぞ」と声をかけた(147)。このやりとりにある通り、はじめ景虎は長期間、将軍のもとに奉公し続ける予定でいたのだ。

そもそも、上洛が関東管領職と上杉家の名跡を継ぐために行なわれたのなら、その許可だけを貰えばいい。だが景虎は将軍から「七免許」と呼ばれる多大な特権を授かった。

では、なぜ景虎は「七免許」を与えられたのか。もともと将軍たちは、景虎が在京奉公することで、諸国の大名がこれに倣い、戦国時代にピリオドを打つシナリオを思い描いていた。これが首尾よくいけば、景虎は幕政に参加する地方大名の先駆けとして、一気に幕府の重鎮へのし上がるチャンスとなったに違いない。だが、ことは思う通りに運ばなかった。景虎を見習う大名がまったく現れなかったのである。

そこで、ふたりと親しい若き関白・近衛前嗣が介入した。幕府再興のシナリオを書き換えたのだ。〝実力あっても権威なし〟の景虎をひとまず帰国させ、〝権威あっても実力なし〟の関白と将軍が、景虎の東国経略をバックアップすることにしたのだ。

つまり「七免許」とは、戦国終焉シナリオの次善策を進めるために与えられたバフ（テコ入れ）なのである。

越後に戻った景虎は、「京都から与えられた権威と自身の武力をもって、関東甲信越を支配下に置いてからその大動員権を使い、改めて上洛する。その上で幕政を刷新する」というシナリオに沿って動き始める。そこで景虎が最初にするべきことは、東国の有力領主たちに「景虎は七免許を認められた」と喧伝することであった。

上杉七免許の中身と効果

まず、景虎が与えられた「七免許」の内訳を説明しよう(148)。

第一と第二に挙げるべきは、「屋形」号と「五七桐紋」の使用許可だろう。屋形号は「御屋形《おやかた》さま」と呼ばれる資格である。これは幕府が特別に認める大名にのみ許された。桐紋は、もともと足利初代将軍の尊氏が菊紋とともに後醍醐天皇から賜ったものとされ、足利将軍の家紋同然となっていた。こうした由来からも想像される通り、将軍から特別に許可された大名だけが使うことを許される貴重な紋章である。

第三から第七は、「裏書御免」と「塗輿御免」、「白傘袋《しろかさぶくろ》」「毛氈鞍覆《もうせんくらおおい》」そして「朱柄《しゅえ》の傘《かさ》」の使用許可である。裏書御免は、封紙の署名を略する資格。三管領(斯波《しば》・細川・畠山一族)や相伴《しょうばん》衆および足利一族だけに許される特権だ(149)。関東管領職に就く以上の権威となろう。「塗輿御免」は、網代輿に乗る資格で、これも同レベルの特権である。そして「白傘袋」「毛氈鞍覆」「朱柄の傘」の使用許可は、すでに天文19年(1550)に与えられていたもので、国主待遇を約束された大名にのみ認められていたものだ。

つまり「上杉七免許」とは、景虎を地方大名として認めるという程度のものではなく、足利将軍にとって無くてはならない特別な大名として公認するものである。これは天下の諸侍たちに対して、「景虎は別格の大名だから、みなみな心して接するべし」と言っているに等しい。

知らせを受けた関東甲信越の武士たちは、色めきたった。

七免許の効果

永禄2年（1559）10月28日から景虎の家臣たちが祝儀の太刀を献上して、その帰国を喜んだ。翌月になると武田方に属するはずの信濃領主たち（島津《しまづ》泰忠《やすただ》・栗田《くりた》永寿《えいじゅ》・須田《すだ》信正《のぶまさ》ら）もこれに続く。11月13日、信濃の「大名衆」（領主階層）が太刀を献上してきた。わざわざ自ら「持参」する者も多かった。注目すべきことに、武田家臣の「真田《さなだ》（幸綱《ゆきつな》）殿」までもが、直接太刀を持ち寄って景虎に挨拶している[150]。真田氏は関東管領上杉家の家臣・海野《うんの》氏の一族である。憲政を保護する景虎は、将軍から「上杉五郎（憲政）進退の事」を託されている。ならば、真田が祝辞を述べるのも当然だ。武田家の内部に広がる動揺は大きかった。

工作はまだ終わっていない。越後からの触れ回りの使者は、関東全土を走り回った。話を聞いた安房里見家臣の正木時茂は「上洛の砌《みぎり》、公方（将軍）様より裏書を御免に候か[151]」とその実否を尋ねるほど驚いていた。それぐらい信じがたい出来事だったのだ。

翌年3月15日、「関東大名」の「八ヶ国之衆」も祝儀の太刀を贈った。その中には、常陸の佐竹義昭からの使者も含まれている。

桶狭間合戦と景虎

景虎が将軍から破格の贔屓を受けているのは、すでに明らかである。

東国経略にあたって、仮想敵となるのは甲信の武田信玄と関東の北条氏康・氏政だった。両雄に憎悪と不満を溜め込んでいる領主は多い。しかも景虎の武力と国力は両雄に劣らず、さらに「七免許」の授与によって、その権威は両雄を凌駕した。

将軍は景虎に、憲政の進退（続投・引退の決断）に意見する権限と、信玄に追放された元信濃守護の帰国を託すという指示書を与えており、関東甲信越を経略する軍事行動は、私戦ではなく公戦として認められていた。

これらに景虎の正戦思想が合わさって、とんでもない事が始まろうとしていた。もしここで景虎が病気などで急死したとすれば、現在の学者も作家も、その計画の片鱗《へんりん》すら想像できなかったに違いない。ましてや、目まぐるしく動いた情勢とそれに即応しての史実の動きなど、なにひとつ推測する事はできなかったであろう。

ここから景虎は、越中・関東・信濃へと遠征を繰り返し、関東全土の諸将と小田原城を攻め、上杉の名跡を継ぎ、川中島で信玄と大合戦を行なうという、およそ現実離れした行動を実行していく。その未来は景虎自身も予想できていなかったはずだ。さらに、景虎たちが関東越山の準備に胸を膨らませている最中、思いもしない追い風が吹くことになる。桶狭間《おけはざま》合戦である。

永禄3年（1560）5月19日、景虎が関東越山を準備している最中、武田・北条と三国同盟を結ぶ駿河の今川義元が、尾張の織田信長に討ち取られたのだ。昨年の信長も景虎の上洛と前後して、将軍のもとへ馳せ参じるほど、幕府に好意的な大名だった。景虎は信長の快挙を聞いて、〝天祐、我にあり〟と笑みを浮かべたことだろう。信心深い性分なので、将軍さまが下賜してくださった七免許のおかげだとすら、思ったかもしれない。

それは同時に、武田・北条方の者たちに、大きな不安を抱かせる出来事だった。チャンスは逃すべきではない。関東の上杉派領主の中にも景虎の動向をじっと見ているのでなく、独自に調略の手を伸ばそうとする者が現れる。

ここから起きる動乱は、景虎・氏康・信玄、関東諸士にとってまさに白紙の未来だった。

第13節　越相大戦の勃発

越相大戦前夜

永禄2年（1559）夏、越後の長尾景虎は、京都で将軍・関白と意気投合して、関東甲信越の王者となる戦略を立てた。もちろん綺麗事だけで、東国をまとめることはできない。武力行使、脅迫交渉などの荒事によって覇者となる覚悟も求められよう。その障壁となる最大の仮想敵は、相模の北条氏康である。北条家を討滅するか屈服させなければ、東国経略は成り立たない。

本書では、ここからの越後と相模の戦争を〈越相大戦《えつそうたいせん》〉と呼ぶことにしよう。

関東越山の対策

これから関東に越山しようとする景虎の思惑は、まだだれも知らなかった。

それもそのはず、これは関白と景虎が、他言無用の計画として共謀した「密事」だったからである。表向きでは、越後で保護する上杉憲政（光哲）の関東帰還と、北条氏康・氏政に圧迫される領主たちを救援するため、関東に出るつもりだと標榜していた。嘘ではないが、真意はそれだけではない。これら大義名分を土台に関東甲信越を経略したあと、東国武士団を統括する権限を獲得することにある。その上で、前代未聞の大軍を動員して畿内へ押し入り、群雄割拠の戦国時代を終焉させるのが最終目的である。この秘策を知る者はいないが、景虎が何事かを企んでいるのは、それとなく察せられたことだろう。

景虎が関東に出馬する気配を察した安房の里見義堯は、家臣の正木時茂を通じて援軍が必要だと力説した。折しも氏康から代替わりして相模の「屋形」になったばかりの氏政が、義堯の居城に迫り、その周囲に付城を構築しはじめていた。危機に直面する里見方は「春までの援軍が困難なら、せめて夏までには御越山してもらいたい」とまで訴えた。

そんな最中、関東の「武蔵国・藤田右衛門《ふじたうえもん》」は景虎支援のため、甲斐の武田信玄の家中に手を伸ばす。信玄の一門・勝沼《かつぬま》五郎（今井信良《のぶよし》）を調略しようとしたのだ。景虎越山のため、信玄が出馬したら、府中の留守を担当する五郎が本拠地を占拠して、甲斐を勝沼五郎あらため武田五郎の分国に塗り替える計画だった。この計画に景虎が関与した形跡はないので、藤田と五郎の独自判断だろう。いずれにせよ、武田領内ではすでに有力な信濃衆が景虎に呼応する動きを見せており、関東越山に際して、武田の動きが鈍ることは間違いなかった。

さて、その信玄も景虎の動きに殺気立ち、死に物狂いで、妨害工作に着手する。まず越後に隣接する越中の神保長職《じんぼうながもと》に使者を派遣して、ともに景虎を倒そうと持ちかける。加えて、大坂の本願寺にも加賀勢による越後侵攻を呼びかけた。

関東甲信越の武将たちは敵味方不分明であるから、北陸から撹乱してもらうしかないと判断しての工作だろう。

動き出す景虎

永禄3年(1560)3月、長尾景虎は信玄に通じた神保長職を討つべく、越中に遠征を開始して、30日にその身を富山城から追い払った。これで富山以東の勢力圏は万全となった。よしんば加賀勢が北上してきたとしても、越後侵攻はまず無理だろう。後顧の憂いを絶ったのだ。

4月21日、越中鎮定を喜んだ上杉憲政は、長尾政景《まさかげ》(景虎の姉婿)に、景虎がこの勢いで「関東越山」することが自分の「念願」であると伝えた(152)。

こうして、関東甲信越での宣伝工作、北陸の妨害勢力排除、そして憲政の所信表明を引き出すことができた。同月28日、景虎は常陸の佐竹義昭に宛てて「筋目をもって諸方へ合力する」と豪語する(153)。ここに越山開始の御膳立てがすべて整ったのである。

5月19日、駿河の今川義元が尾張の織田信長に討たれた。義元は甲信の武田信玄、関東の北条氏康と三国同盟を結ぶ有力な戦国大名である。信玄だけでなく、義元の介入も抑えられたのだ。

いよいよ景虎が関東越山を開始する。8月29日に上野の厩橋《まやばし》城へ入った。

また、9月19日、憲政は1月から越後の府中に長期滞在する里見方の使僧に「景虎を連れて越山する。上野の旧臣たちも服属する予定になっている」と伝えて、安房に返した。

塗り変わる関東の勢力図

9月上旬には2年前から上野沼田城を管理していた北条孫次郎（沼田康元《やすもと》）と戦い、これを追い払った。景虎はその「宗徒《むねと》数百人」を討ち取ったと自らの戦果を誇った(154)。沼田城を得た勢いで上野全土の制圧に乗り出していく。続けて手向かう厩橋城を圧迫し、長野賢忠《けんちゅう》を屈服させると、服属を願い出る者が続出した。上野の有力領主である白井城主で惣社《そうじゃ》長尾家の当主・憲景《のりかげ》や、箕輪《みのわ》城主の長野業正《なりまさ》らである。あとは奔流が土砂を崩すようなものだ。10月上旬までに、憲政の旧分国である上野が景虎の手中に収まった。

関東管領の旧領復帰が目的なら、「筋目」を標榜する合戦はこれで終わらなければならない。だが、ここで終わらせるわけにはいかないのだ。景虎は将軍御内書の写しを持たせた使者を関東中に走らせる。すると諸国の諸士が続々と馳せ参じた。

特に武蔵の成田長泰《ながやす》と太田資正の動きは早く、すぐさま憲政と景虎の眼前に姿を見せた。資正は安房の里見義堯とともにかねてから景虎越山を画策していたこともあり、自ら率先して関東諸士の取るべき道を指し示す必要があった。

10月になると下野の佐野昌綱を始め、名だたる大名が服属を表明していった。

上野が制圧されていく最中、北条氏康の甥である古河公方・足利義氏は、関東諸士に「越国之凶徒」が攻めてきたので、互いの紛争をやめて我がもとへ参陣するよう呼びかけた(155)。だが、馳せ参じた大名は、下総の結城晴朝ひとりだけだったという。残る関東諸士にすると、関東のキングである古河公方の権威より、京都の将軍から七免許を得た景虎の権威の方が重かったのである。

少し遡って9月下旬頃、北条氏康は武蔵河越城を進発して、迎撃準備に動いていた。向かうは松山城である。すでに氏政も里見義堯への攻撃どころではなかった。翌月、氏康は松山城を司令所として、武田信玄に信濃への出馬を要請する。

越後へ下向する関白

上杉憲政と長尾景虎が関東制圧に動き始めた頃、京都では高貴な若者を中心とする一団が旅装に身を包んでいた。この若者こそ関白・近衛前嗣である。まだ25歳。体力も気力も健康そのものである。その野心は尋常ではなく、まさに天下取りの一念に燃えていた。戦国大名の世を終わらせたあと、日本全土を仕切り直すのは、かれの仕事である。

そのためには、お飾りの関白ではなく、大きな実権を自分の手で摑み取らなくてはならない。東国だ。藤原氏の長者である前嗣は、関東に居並ぶ藤原氏を一揆(連合軍)として束ねる資格がある。自分が関東に入る頃には、そのためのお膳立てを景虎が整えてくれているだろう。

9月18日、関白は京都を発った。

東国では、北条氏康・氏政父子が景虎の侵攻に追われ、信玄はその支援に動き出す。景虎は、万全の態勢で関東制圧に突き進んでおり、現地領主の大半はこちらに靡《なび》く気配であった。もはや北条・武田など風前の灯に見えていたであろう。

だが、どれだけ緻密な計算も絶対ということはない。令和のいまでもコロナ以後の見通しは事前に立てられなかった。

戦国屈指の頭脳を誇る信玄、氏康、資正、義堯ら敵味方が関東甲信越という大舞台を背景に入り乱れ、自分たちが生き残るための知恵を全力で振り絞っているのだから、なにが起こるかわからない。若い景虎と前嗣は向こう見ずで、楽観的で、自信過剰であった。

これから先は露見する陰謀、越後方と関東諸士の意見違いが、景虎の夢と野望を遮《さえぎ》っていくこととなる。甘い夢の終わりを告げるのは、信玄の諜報機関であった。勝沼五郎が往還させていた内応の使者を捕獲したのである。

第14節　関東管領の名代職に就任する

関白の野望

すべての野心家が、低い階層にいるとは限らない。

現職の関白である近衛前嗣という若者は、出自の良さから位人臣《くらいじんしん》を極めた若者だった。

前嗣に野心が芽生えたのは、永禄2年（1559）の夏である。「京都の無念なる条々」に失望しているところ、上洛した長尾景虎と意気投合して、越後への下向を決意したのだ。前嗣は、関白と言っても名ばかりで、政治に対する実権のない現状を強く憂えていた。だからと言って現実逃避したかったわけではない。当代随一の野心家として、途方もない計画を企図していたのだ。

その下向は入念に準備された。前嗣が姿を現すと、景虎は宿泊所として用意した越後至徳寺《しとくじ》で一行を歓待させた。景虎はすでに関東に越山して不在であった。

関白は弟の聖護院道澄《しょうごいんどうちょう》、家礼《かれい》で京都進発の5日前に従三位に叙されたばかりの西洞院時秀《にしのとういんときひで》、まだ幼い子息、そしてこれから関東滞在中に上野・下野・武蔵で寺院を建立することになる高僧の知恩寺岌州を伴っていた。なお、前嗣の妹に絶《たえ》という姫君がいて、景虎に恋心を抱いていたという俗説もあるが、この女性は実在しない。完全な作り話だ。

いかにも仰々しい一行である。明らかに短期間の観光を目的とする一団ではない。だが、これまでの研究は、関白がなにを望んで下向したか、確たる答えを出せていない。景虎の東国経略を支援しに来たことだけは間違いないが、具体的にどんな役割を担うつもりでいたのか不明なのだ。

景虎が関東を席巻して、北条からの反攻が行なわれた頃、古河城で2年近く滞在したことだけはわかっている。しかしそれ以外の政治的言動が残っていないため、なにをしたかったのか、微妙に見えてこないのだ。それどころか景虎が奉戴した反北条派の古河公方・足利藤氏とは不仲だったと言われ、最後は景虎と喧嘩別れして帰京してしまっている。こういうところを見ると、前嗣の動きは中途半端で、景虎の足を引っ張っているように見えなくもない。

ここからは前嗣の企みを探るためにも、越山した景虎の続きを追ってみよう。

勝沼五郎のクーデター失敗

前嗣が越後に向かっている最中の永禄3年(1560)11月3日、武田信玄は親類衆の勝沼五郎を粛正した。

五郎は、信玄が出馬したら、甲府でクーデターを起こすつもりでいたが、1年前から信玄の諜報機関に監視されていた。そしてこのたび、敵方と通じる密使を捕獲され、すべてが露見した。

五郎はその地位に相応して、たくさんの武田一族や有力領主と親しい関係にあった。甲府の処刑場は、血のにおいで充満しただろう。五郎が粛正されると、信濃で西牧氏が謀反するなどの混乱が打ち続く。信玄はクーデターの危機こそ免れたが、まだ簡単に身動きの取れる状況にはなかった。もともと事件に関与していなかった景虎は、意に介することなく関東で新年を迎えることになる。一応ここまですべて順調に進んでいる。その胸のうちは、期待と不安でこれまでになく胸を高鳴らせるものとなっただろう。

鎌倉へ迫る越軍

永禄4年（1561）1月下旬、長尾景虎の軍勢は、下総の古河城へ迫った。古河にいるのは、古河公方の足利義氏である。義氏は、氏康の妹の子だった。

景虎はここで下馬して、表敬の姿勢をとった。御所巻き(156)同様に、お諫めのポーズを繕《つくろ》ったのだ。もしこれで公方が「予が不明であった。そなたこそ真の忠臣だ」と降参すれば、北条の「玉」はこちらのものになる。だが、公方は小田原城へ逃げ延びた。

それでも別に構わない。景虎の陣営には、簗田晴助と足利藤氏がいた。

藤氏の母は、晴助の妹である。この大戦の裏には、氏康と晴助による権力闘争があった。氏康が前公方の跡継ぎを藤氏から義氏に変えたせいで、今日の体制ができあがった。晴助は、元の予定通り藤氏を公方に就任させて、その外戚の地位に就きたかったのだ。

現役の公方が下総から逃げたのなら遠慮はいらない。前公方は昨年5月に亡くなっている。段取りを整えて、その地位を奪い返せばいいだけだ。晴助は「ついに俺の時代が来たぞ」と心を弾ませたことだろう。

景虎はこれに一抹の不安を覚えながらも、上野の上杉憲政と合流して、次の軍事行動に移る。次の狙いは、北条方の重要拠点・武蔵松山城だった。景虎は味方の働きにより、この難攻不落とみられる松山城をごく短期間のうちに制圧し、その勢いで相模鎌倉へと突き進んだ。

このときまでに景虎のもとには関東中の諸士が馳せ参じており、その人数は雑兵を含めて11万5000人を超えていたともいう（『謙信公御年譜』など）。誇張された人数だろうが、前代未聞の大軍だったのは間違いない。武田・今川の援軍を得た北条でも、真正面から対抗できなかった。大軍は小田原城へ迫っていく。

関白の動向

その頃には関白・近衛前嗣も景虎のもとへ合流していておかしくないのだが、なぜかその軍勢と行動を共にしていない。おそらく古河城に留まったのであろう。次の古河公方はまだ決まっていない。ただ、気になるのは、『甲陽軍鑑』をはじめとする北条・武田寄りの軍記の多くが、関白に「関東公方（＝古河公方）」への野心があったと記していることだ。

わたしはこれを少し前まで荒唐無稽な作り話と思っていたが、史料上に反証材料がまったくない。ではなぜこのような伝承が複数の文献に書き残されているのか。この点、一考の価値があるのではないかと考え直している。

もし前嗣が公方就任を希望していたとすると、鎌倉時代の九条氏のごとく〈摂家将軍《せっけ》〉として、東国に君臨するつもりでいたことになろう。

関東の古河公方は、もともと鎌倉公方である。公方とは将軍である。京都には征夷大将軍・足利義輝がいる。その正室は前嗣の姉で、義輝と前嗣は義兄弟である。足利時代の関東公方は、もともと京都の将軍の縁者が就任しており、いまはそれが世襲化されている。それで東国がうまく治まっていたかというと、そんなことはなく、長々と混迷を深めていた。ならば、こんな古習はさっさと改めて、関白自ら東国の公方になってしまえばいい。ここで東西で英気に満ちた若き将軍が並び立てば、乱世を刷新することができる。前嗣はそう考えていたのではないだろうか。

こういう計画があったとして、あくまでも景虎と関白の密約であり、表沙汰にできない内緒の計画であった。この新しい構想を前面に押し立てて、越山することはできない。もしそんなことをすれば、現地の諸士から強い反発を招くに違いないからだ。特に多数派工作に奔走する簗田晴助の協力を得られなくなる。晴助は、身内から古河公方を出したがっていた。

おそらく景虎は越山後、諸士の反応を見ながら、満を持して、「このたび下向された関白さまこそ新たな公方にふさわしい」と宣言し、摂家将軍・近衛前嗣、関東管領職・上杉憲政を奉戴して鎌倉府を復活させ、北条・武田・今川が太刀打ちできない圧倒的な権威を獲得したうえで、一大上洛を企画するつもりでいたのだろう。

傍証材料としては、東国下向中、関白がその花押を公家様から武家様に変えていること、その後、景虎が古河公方を「東将軍」と呼んでいるように、東西で将軍が並び立つことを基礎秩序と考えていた意識をうかがえること(天正3年1月24日上杉謙信願文(157))、その後、前嗣が藤氏や憲政とともに古河城に籠もっていることを挙げられる。お飾りの公家ではなく、武家の「東将軍」として実権を握る予定でいたのだ。そのため、関白は連合軍による鎌倉入り、小田原攻めという晴れ舞台に出ることなく、古河城に留まり、公方推戴の機運熟成を待っていたと思われる。

だが、その望みは叶わなかった。簗田晴助が意見を曲げなかったからである。

関白下向の意義

もし景虎が関東管領職に就くための後ろ盾として下向しただけなら、景虎が越後に帰国したあと、わざわざ危険な古河城に残っている必要などない。一緒に越後の春日山城へ戻り、権威の源泉として安全に構えていればよかったはずだ。だが、関白はあえて古河城に長期滞在する道を選んだ。これはなんとか新公方の足利藤氏らを説得して、次の公方は自分またはその息子に継がせて欲しいと訴える意思があったからだと考えられる。

ところが景虎が鎌倉に入る頃、この計画は現地諸士から現実味がないものとして、とりあえずの変更を余儀なくされた。すると、景虎は〝摂家将軍の腹心〟として関東の指揮を執る権威を保てなくなる。そこで、にわかに得た〝軍権のようなもの〟を、長期的に安定化させるため、景虎に味方した諸将から、関東管領・上杉憲政の「名代職」と「名跡」を継承することを提案され、これを受け入れたのであろう。

関東管領名代職・上杉政虎の名乗り

景虎は3月13日未明に、「高麗山《こまやま》」（湘南平）の麓に関東の軍勢を布陣させて、20キロメートル先の小田原城を攻めさせた。かなり距離が離れているから、力攻めするよりも圧迫による降伏を狙っていたようである。

その間、古河公方を義氏からだれかに交代させる話し合いが進められた。また周囲の求めによって、憲政の関東管領職引退が決定された。憲政は少し前まで「光徹」の隠居号を名乗り、このたび関東越山において再び俗名に戻したばかりであったが、「その病気が治るまで[158]」という名目で、その役職と名跡を他人に譲ることになったのだ（永禄7年8月4日付大館晴光宛書状[159]）。

譲る相手は、長尾景虎であった。

鶴岡八幡宮（神奈川県鎌倉市）写真／乃至政彦

永禄4年（1561）閏3月16日、家督の相続式は、相模鎌倉の鶴岡八幡宮にて行なわれた。

ここに越後守護代・長尾景虎は、関東管領名代職・上杉政虎へと改号することになる。

なぜ政虎に家督が譲られたのかは諸説あるが、一次史料に事前工作の形跡が見られず、突発的かつ消極的に就任することになった。


たとえば就任直後の近衛前嗣書状を見ると、ここまで前嗣が公方と関東管領の交代劇になんの仕事もしていない事実が認められる。前嗣は、政虎の家督相続について、「諸人の申すことを斟酌して同意したこと、近頃ではお珍しいことです」[160]と述べ、「返す返すも氏を（平の長尾から藤原の上杉に）改めましたことは、めでたいことです」[161]とどう見ても受け身である[162]。

もし前嗣の仕事であれば、「わたしが主導し、願った通りにできて良かった」と明言したはずだが、そうは述べられていない。上杉政虎もまた簗田晴助に「わたしは関東の歴史に詳しくない[163]」ので、諸将の「御意見」を聞いて「その意向に任せ[164]」、「関東上杉家の家督[165]」と「関東管領名代職[166]」の継承を受けることにしたと述べている。加えて、古河公方体制についても「公方さまの御家督は、あなたとよく話し合い、どなたに決まろうとも尽力いたします[167]」と、その起請文に述べていて、家督相続を受けてもまだ古河公方の人選が定まっていなかったことを認められる。

これらが政虎自身の希望で進んだのなら、「わたしは関東の歴史に詳しくない」などという弱気な発言は控えるのが賢明であっただろう。その家督相続は、ただでさえ近衛前嗣を不安がらせていたのだから（108ページ《番外編・弐》参考）。

ここに政虎は、摂家将軍再臨の破綻から、苦肉の策として上杉家を継承したのであった。

ちなみにこの関東在陣中、政虎は本国越後に宛てて、「しんさう」なる人物を早くこちらに寄越して欲しいと懇請している[168]。いきなり長尾が上杉になったとして、縁戚関係すら結んでいないのでは、納得しない者がいるだろう。そこで当主交代の正当性を固めるため、憲政の娘を「新造（新婦）」として迎えることを考えた形跡なのではないだろうか[169]。

ともあれ政虎の東国経略はここで新たな局面に移行したが、ここから徐々に綻びが露見してくる。

《番外編・参》　謙信女性説は本当か

だれもが抱く素朴な疑問

令和元年（2019）秋に、新潟県の上越教育大学附属中学校で、上杉謙信に関する講演を行なわせてもらった。僭越ながら壇上より長時間お話をさせていただいた。

講演後に全校生徒からの質疑に応答する時間があった。質問の挙手が重ねられ、応答を繰り返すうち、親しみやすいと思ってくれたらしく、お堅い先生には聞きにくい「生涯独身だった謙信は、実は女性だったという説がありますが、先生はどうお考えですか？」という質問を頂戴した。

なんの準備もしていなかったが、ふだん自分が考えていることを応答させてもらった。そのときの内容をここでも披露しよう。たぶん中学生だけでなく、普通の社会人のなかにも「あの説はどこまで根拠があるのだろう？」と思っている方が多くいると思うからだ。

女性説を唱えた八切止夫

謙信は女性だったと唱えたのは、八切止夫《やぎりとめお》という作家である。その発表媒体は、小説作品『上杉謙信は女人だった』だった。八切はいくつもの史料と伝承を引きながら描いていたので、本当かもしれないと思う人もいたようだ。八切が天才だったのは、司馬遼太郎のように「あれで描いた社会風景は、わたしの発明です。よく考えたでしょ」と舌を出したりしないところにある。それどころか、自分で書いた創作と現実の区別がついていないようにも見えるところがあった。

八切は自分の書籍について「出来ることなら読んだ後で、すぐ、ビニール袋へでも入れ、罐《かま》に入れ、地中にでも埋めて頂きたい。これだけ調べあげるのに、今の時代でも、二十年の余《あまり》かかったから、後世の人がやるとなると、もっと大変だろうから」と永久保管を主張するぐらい自信の強い作家であった。

八切が活躍した時代、歴史学者たちは象牙の塔に籠もっていて、俗界には関心を示さなかった(170)。その間隙《かんげき》を衝いて、学外のクリエイターが独自研究を発表するという新分野を大きく拡大したのが八切であった(171)。八切は、次々と異説を発表して一世を風靡した。

たとえば、本能寺の変の真相探しをエンターテインメントに昇華させたのは、八切である。かれの掲げる新説は、紙一重の内容ばかりだが、そこがとても新鮮で、魅力的であった。かれに憧れて作家になった人も多いと思う。

ただ、重大な欠点がある。なにより品がないのだ。『上杉謙信は女人だった』では、無数のエログロシーンがあり、それが耽美なわけでもなく、情欲すら抱かせない完璧な駄文なのだ。山本勘助《かんすけ》や鬼小島弥太郎は、平然と女性を強姦して、なんら悪びれないし、被害女性の描写も適当である。

繊細さのないエログロは、本当にただエログロなだけで、これだけは一言も擁護できない(172)。

ともあれ八切は、謙信が女人だったという筋書きで、一個の小説を書き上げた。そしてそこには、いまもこの設定を拡散させ続ける装置が仕掛けられていた。

八切説の根拠

八切作品の欠点は、まだある。史的根拠を記しているものの、研究的視点から見ると、確認困難な情報ばかり並べられていることである。その例証となるものを以下に3点並べてみよう。謙信女性説の原拠とされるものである。

ひとつ目は、瞽女頭《ごぜがしら》の山本ごい屋敷跡に残されていたという文献の写しである。古い瞽女歌が記録される文献だが、ここに「とらどらずきとらの日に、うまれたまいしまんとらさまは、城山さまのおんために赤やりたててご出陣。男もおよばぬ大力無双」と書かれていたというのだ。この「男もおよばぬ大力無双」の「まんとらさま」を、八切は「政虎」を指すと見た。謙信のことである。ただ、八切の著作にままあることだが、この参考文献はいまもって実在が確認されていない。

ふたつ目に、謙信は月に一度お籠りをしていたが、八切はこれを月経が原因だと述べた。しかし、謙信の動向を詳述する徳川時代の公式史料『謙信公御年譜』はもとより、歴史学者が一次史料に基づいて詳細にまとめた『上杉氏年表』を見ても月に一度休んだような形跡は見られず、どこから着想を得たものかわからない。これは実証を装うのでなく、小説の演出として「ここは納得してもらわなければならない」という気分で書いたのだろう。白土三平が「賢明なる読者諸兄はすでにおわかりのことと思うが」と珍妙な忍術を、科学的説明で飾ったようなものである。

三つ目として、謙信が甥の上杉景勝にとって「叔母《ＴＩＡ》」だったとする記録がスペインのトレドにあったと述べている。現地の報告書に「黄金情報」というとじこみがあり、「アイドのウエスゲはそのＴＩＡの開発したサドの純金を沢山もっている」という記事が見えたというのだ。

ところでこのトレド文献は、平成20年（２００８）に、謙信女性説に心惹かれるライターの横山茂彦が謙信の女性説を検証するというテレビに出演した際、メディアチームに依頼して、トレド司書館まで出典文献の捜索をしてもらったという。すると、調査結果は「実在しない」というものだった（横山茂彦『合戦場の女たち』２０１０）。

謙信女性説とは、およそこのようにして作られたものである。一部の半ば決定的な史料は、実在不明なのであり、ここに読者の先入観を醸成させたところで、本来八切説と無関係な実在の記録をその補完物として、それらしく読ませるという離れ業によって構成されている。

一世を風靡した謙信女性説は、世間で広く消費されたが、昭和62年（１９８７）に八切が亡くなると、一過性のものとしてほぼだれからも語られなくなった。ところが今世紀になってインターネットでこれをふたたび楽しむ人が増え、やがてパソコンゲームの『戦国ランス』（２００６）に採用されたあと、同年中にWikipediaで独立記事が立項されて、そこからさらにカードゲーム[173]、アプリゲーム[174]、漫画[175]、小説[176]などへ拡散されていき、巨大な伝説へと育っていったのである。

謙信の性自認は男性だった

謙信女性説について、専門家からの反論も存在する。『別冊歴史読本 上杉謙信の生涯 '88春特別増刊』(新人物往来社・1988)に掲載された渡辺慶一の記事「上杉謙信の七不思議」である。

ここで渡辺は、謙信が女人禁制の高野山に登っていること、当時の戒名は女性なら「大姉」や「大禅定尼」と必ず性別の判別がつくようにされていて、謙信の戒名は「不識院殿真光謙信居士」とあり、完全に男性形の様式であることを指摘した。もしこれで謙信が女性だったとすれば、謙信は神仏に嘘を押し通し、僧侶たちもその「妄語」を共犯的に支えたことになってしまう。

とてもまっとうな反論だろう。ただ、わたしはこうも思う。仮に謙信の肉体が女性であったとしても、謙信自身が「自分の精神は男です。真実は心眼で見てください」と迫ってきたら、僧侶たちはその魂をどう救済しようとしただろうか。

上杉謙信とセクシャリティ

ここで史料論を離れ、謙信の性別論から感じたことを述べておきたい。謙信の肉体がどうであれ、謙信は男性として生き、男性として死んだ。この事実に対して我々はどういう姿勢を取るべきだろうか。

中学生たちとの質疑応答時間では、先に述べた謙信と仏教の関わりを平易に説明して、次のように回答した。

「このように謙信は男性として生き、男性として死にました。仏教への接し方から見て、死後もそう見られることを望んでいたのは間違いありません。だからわたしは、その肉体がどうあれ『謙信は男性だった』と見ることにしています」

この先、彼らと彼女らが性の問題を真剣に考えることがあったとき、この応答が指針のひとつになれたらと思う。

第三章

関東管領職の試練

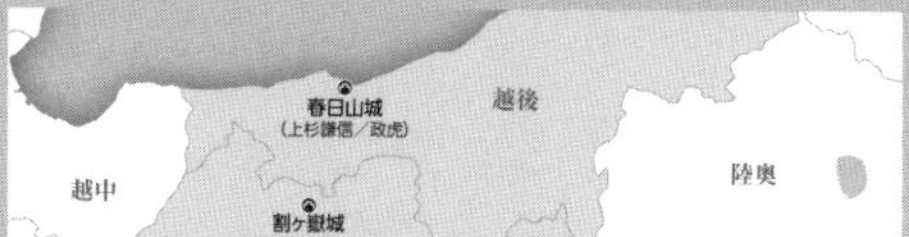

第15節　簗田晴助の念願

もののはずみで就いてしまった関東管領

永禄4年（1561）閏3月、長尾景虎は鎌倉の鶴岡八幡宮にて、山内上杉家の名跡と、関東管領を継いで、その名乗りを上杉政虎（本節では謙信と記す）に改めた。

多くの人はこれをかれの誇らしい絶頂期と評価する。だが実態としては逆だっただろう。同時代の史料を見る限り、謙信は、諸士に対する気遣いでそれどころではなかった。誇りや傲りよりも、緊張と遠慮が先立っているようなのだ。

それもそのはず。越山の目的は、東国の兵権を握ることにあった。その先にあるのは言うまでもなく上洛である。すると関東管領への就任は絶対条件ではなかったはずだ。

そもそも越後は「室町殿御分国（京都将軍の勢力圏）」であり、「鎌倉殿御分国（関東公方の勢力圏）」ではなかった。当時の常識から見ると、越後在住の守護代・長尾が関東管領になれるわけがない。謙信はそれよりも「五七桐紋」を許された足利一族級の特権大名として、アドバイザー的に関東の外側で敬われたかったことだろう。

関東に越山した謙信は、関白・近衛前嗣を〈摂家将軍〉に推戴し、鎌倉を関東の首都に据え直すことで、氏康に支配される古河公方の体制を覆すつもりでいた。公方・北条連合政権の体制に振り回される諸士は、関東の秩序を一新させたがっていた。この越山はある種の下克上であった。

謙信が構想した新体制

謙信が鎌倉に入る前、鶴岡八幡宮へ捧げた願文に「関八州を掌握《しょうあく》し静謐《せいひつ》にしたならば、武蔵・相模から寄付を集めて、関東諸士みんなを鎌倉に在住させ、昔の通り当社を作り直します(177)」と言うことが述べられている。戦国時代以前は、関東の首都である鎌倉に公方が住み、多くの侍が近侍していた。謙信はこの体制を復興させると宣言したのだ（鶴岡八幡宮寺に捧げられた永禄4年［1561］2月27日付長尾景虎願文(178)）。

古河公方は、鎌倉公方が戦乱を逃れて古河に移住して生まれたものである。ここで謙信は復古趣味に浸ろうとしたのではない。わかりやすい仕組みを提示して、近衛前嗣を公方に推戴する方便にしようとしたのである。その際、自らは前嗣の補佐役として鎌倉在住の諸士に号令をかけ、京都へ行軍するつもりでいた。

この構想は、北条氏康が奉じる古河公方を引き摺り下ろすまではよくできていた。だが、ある人物の野心が予想外に大きくて難航することになる。その人物とは、多数派工作に奔走した下総の簗田晴助である。

晴助は古河公方の宿老である。反北条派の筆頭株として、いまの古河公方・足利義氏に仕えながら、たびたび逆心を起こしていた。いまの公方・義氏は氏康と組み、異母兄の足利藤氏を廃嫡させて、今日の地位を得たものである。これで義氏は、異母兄に「口を慎め一般人が」と嘲笑《わら》える立場となった。ただ、藤氏は晴助の甥であった。そして義氏は氏康の甥であった。晴助はこれが理由で、氏康と義氏を憎んでいたのだ。

もっとも晴助には、この古河公方体制そのものを否定する意思まではなかった。元通り甥の藤氏を公方に就任させたいと考えていたのだ。

諸士にすれば、公方はすでに北条政権の傀儡と化して久しい。もはや抜け殻も同然で、立て直す価値すらないと思う者もいただろう。それでもお飾りとして上にいたら簡単には逆らえない、面倒くさい存在であった。だから、謙信もかれらの気持ちを利用して、古河公方体制を刷新できると思っていたようだ。義氏を居城から追い出し、越後軍の鎌倉入りが現実味を帯びてくるころ、晴助が謙信の構想に難色を示した。「自分の甥を公方にさせたい」と唱えて譲らなかったのである。

謙信が晴助に宛てた手紙

功労者の意見を無下にはできない。困った謙信は、書状で晴助を諭そうとした。

そのときの手紙が残っている（永禄4年［1561］閏3月16日付書状）。

「公方さまの御家督については、あなたとよく相談しますが、もしどなたに決まろうとも、御相続について、御協力してください。［中略］わたしがあなたを見捨てることはありません[179]」

ここで謙信は晴助の協力を求めるとともに、強くなだめようとした。たとえ前嗣が公方になっても、晴助を宿老として厚遇するよう取り計らいますと伝えたのだ。謙信はここまで関東諸士の団結に尽力してくれた晴助の合意を得たかった。戦国乱世を改めるため、現地の協力を求めるからには、かれらに不幸を振りまく人間にだけはなりたくなかったのだ。だが、晴助は〈摂家将軍〉就任計画に合意しなかった。

謙信の関東への戦災補償

ここで謙信の関東に対する遠慮の深さを見てもらおう。

よく言われる俗説に、謙信は「出稼ぎという略奪のため、関東に越山した」というものがある。だが、謙信が関東で略奪を行なわせたという史料はだれにも見つけられていない。呆れるような話だが、この俗説は「冬から夏への端境期に遠征している。これはつまり雪国だとすることがないから、出稼ぎに出たのだ」という推測だけを根拠に唱えられ、それがあまりに新鮮だったので、だれも疑うことなく受け入れられたものだ（219ページ《番外編・肆》参考）。

さらにこれを唱える論者は「同じ頃」と、ある軍隊による筑波城と藤岡城の略奪史料を引用した。

だが、この史料をよく見ると、越後軍ではなくほかの軍隊がやった事件である。越山＝略奪の俗説はこうして表面的に説得力がありそうな史料のコラージュで形成され、さまざまなメディアで拡散されていった。

少し考えてもらいたい。もし謙信が本当に略奪を常習していたのなら、またとない非難材料なのだから、アンチ謙信の軍記群が、それを特筆しないはずがない。だが、それがどこにもないことから、同説の信憑性もお察しいただけるはずだ。

謙信は、関東の民衆に対して、私利私欲を押し通す人物ではなかった。現地から謙信がどう見られていたかを示す史料がある。最勝寺文書である。

そこには永禄3年（1560）、相模国愛甲郡厚木郷の金光山最勝寺に、「長尾方」の軍勢が迫り、大伽藍《だいがらん》・山家《やまが》・村里《むらざと》を焼き払って、避難する僧俗の男女に襲いかかったことが記録されている。中には衣服を剥ぎ取られて凍死した者がおり、さらには阿弥陀像まで打ち壊された。

だが、この年の謙信はまだ相模に踏み込んでおらず、翌年からの進軍コースを探ってみると、最勝寺の近くには進んでいない。これは謙信に呼応する関東諸士が行なった狼藉だ。

さらに続きがある。この文書の封包みに「初而《はじめて》再興、越後ノ長尾景虎（上杉謙信）、永禄六年亥ノ卯月吉日」と記されており、戦災の張本人とされる謙信がその3年後に最勝寺へ戦災補償を行なったことが確認されるのだ。これは越後軍にとって、「長尾方」の狼藉が不本意だったことを示していよう。富豪の謙信には、関東の被災地を支援する余裕があった。特別豊かなわけでもない関東でわざわざ略奪する理由などなかったのである。

謙信がこの関東越山で、直属の軍隊に「諸卒ノ狼藉ヲ戒メ」たおかげで、「民屋案ノ外ニ堵ヲ安ンス」ことになった。謙信の行く先で民衆は被災しなかったのである。ただし「とはいえ小田原近くの家屋は一軒残らず、兵士が焼き払った(180)」とあり、軍事作戦として敵の拠点を破壊したことが伝えられている（『謙信公御年譜』）。謙信は、なによりも現地の支持を集めることを重視していた。簗田晴助に遠慮して初期戦略を曲げたのもその一貫として理解できよう。平気で乱暴狼藉を押し通すほど冷酷な大将なら、こんな生温い対応はしなかったはずだ。

結果からみると、謙信は甘かった。晴助を見限って、近衛前嗣を鎌倉で新たな公方に推戴し、強引に威勢を振るえば、ここから東海道に押し入り、徳川家康《いえやす》や織田信長と合流して、上洛作戦を敢行できたかもしれない。

関東管領誕生の理由

謙信は晴助を尊重して、公方の交代に我意を無理に通さなかった。では、どうするか。いまは公方云々で揉めている場合ではない。まだ小田原攻めが終わっていないのだ。参集する諸士にすれば、すぐにでも総大将と統制関係を明確にして欲しかった。そこで「佐竹・宇都宮・結城・小山・那須」

を中心とする諸士と憲政家臣が要請して、謙信は関東管領の職を代行することになった。

考えてみれば「鎌倉」で管領の職を譲り受けるのも先例のない不思議な話だ。関東管領の継承が目的ならその居城である「上野平井城」で挙行すればよかったはずだ。それを関東公方の伝統的拠点である鎌倉で行なったのは、やはり新体制の意見がまとまらなかったからだろう。

上杉憲政が北条憎しの気持ちから長尾景虎に家督移譲を持ちかけて、関東に出馬させ、鎌倉まで占領させたあと、その役職と名跡を譲ったという解釈は、近世の上杉藩に都合よく作り直された物語に過ぎない。

なによりの証拠は、鎌倉に入ったとき、「関東管領の名代職は、みんなが強く意見するので、とりあえずそれに従って」就任したと言う謙信自身の告白だ(181)。

この前年、謙信は足利義輝が「上杉五郎《憲政》」の進退を託すと文書で告げられている。これは関東管領に内定したことを示す文書と言われることが多いが、そうではないだろう。もし将軍のお墨付きがあるなら、そちらの方が正当性が高いので、ここに改めて「みんなが強く意見するので」という別の理由を作る必要などないからである。堂々と「将軍さまの許可をもって関東管領になりました」と述べればよい。「上杉五郎」の進退というのも、当時引退していた憲政を関東に出陣させて、これを現役復帰させるという意味で読むのが素直だろう。

つまり謙信はもともと関東管領になる予定などなく、将軍もそこまで期待していなかった。ところが、現地の諸士が〝関東公方・足利義氏〟ならびに〝関東管領・北条氏康〟という既成事実をなかったことにしたいと考えて、〝関東管領名代職・上杉政虎〟を作り出したのである。就任式をコントロールしたのは、謙信ではなく関東諸士だった。

謙信もこれを受けなければ前進できないと考えて、諸士のために上杉氏の継承を受けることにした。その後、謙信自身が関東管領の就任を「名代職」と述べ続け、ピンチヒッターであることを繰り返し強調しているのはこのためである。

就任式は、謙信一代の名誉であったといわれるが、本人はこれを受けなければ前進できないとの判断から、状況に流される形でこれを消極的に受けたのであり、喜びよりも不安の方が強かったことだろう。

第16節　上杉政虎と成田長泰の衝突

武蔵の忍城主・成田長泰

武蔵の忍《おし》というところに、成田長泰という城主がいた。大ヒットした歴史小説『のぼうの城』の映画で野村萬斎が演じた成田長親《ながちか》の伯父にあたる人物である。

長泰は第13節で書いたように、関東越山を開始した政虎のもとへ急ぎ駆けつけ、いち早く味方になった有力領主だ。それがなぜか同年中、関係が急に悪化してしまった。その原因はある有名な事件にある。成田長泰打擲《ちょうちゃく》事件だ。

鎌倉で受けた恥辱

この打擲事件を、ごく一般的な認識に従って紹介したい。

――関東連合軍による小田原攻めの真っ只中、政虎が鎌倉で関東管領を継承することにした。そのときのことである。

長泰は、政虎の社参を馬上から見下ろしていた。成田家は、八幡太郎義家《よしいえ》の時代より、大将相手に下馬の礼を取らずにいて、その例に倣っていたのである。

忍城跡（埼玉県行田市）

だが、これを見た政虎は「無礼ではないか」と怒り出し、扇《おうぎ》を振り上げ、長泰の頭を打ち、その烏帽子《えぼし》を叩き落とした。鎌倉中に集まる味方の諸士はひどく驚いた。

恥辱に震える長泰は家臣に向かい、「わしは1000騎を従えるほどの身分だ。それが人前で大恥をかかされた。許せぬ。忍城に帰るぞ」と伝えるなり、さっさと無断撤退してしまった。これを見た諸士も「政虎がこのような乱暴者では、将来どんな仕打ちを受けるかわからない。われらも引き上げようぞ」と、続々と撤退を開始。こうして政虎の小田原攻略軍は空中分解したのだった――。

およそこんな話だが、あまりに現実離れしており、ツッコミどころが多い。とはいえ、いくらかは真実の可能性もあるだろう。そこで、この俗説を検証して、もう少し可能性の高い仮説に打ち直してみたい。そのためには、まず疑義のある部分を並べてみよう。

①なぜ成田長泰は下馬しなかったのか?
②上杉政虎が長泰を打擲したとして、なぜそんな暴挙に出たのか?
③この事件に、一次史料との矛盾はないのか?
④北条攻めの最中に、長泰ひとりの撤退だけで全軍解散するのはどうなのか?

長泰が「無礼」を働いたという内容は『甲陽軍鑑』や『北条五代記』『北越軍記』など、武田・北条・上杉の軍記ならびに『成田記』ほか名だたる史料でいずれも一致しており、積極的に否定する材料がないので、事実だと仮定しておこう。「無礼」の中身が下馬しなかったことにあるかどうかは確証がないが、仮にそうだということにして、まずは成田家の祖先が、自分の大将に下馬の礼を取らなかったという話の実否から探ってみたい。

①成田長泰が下馬しなかった理由

結論からいうと、この下馬しなかった古例というのは、八幡太郎義家が生きた時代から近世までの史料を見渡しても、見つけることができていない。だからこの古例自体が、長泰の虚言または後世に創作された作り話の可能性がある。

最近のドラマや小説では、「政虎は、関東の古例も知らない不勉強な人物だった」とされることも多いが、この逸話の出どころと思われる北条方の軍記『北条記（異本小田原記）』［巻2］は、次のように記している。

「昔、源頼義《みなもとのよりよし》（成田家の先祖）と八幡太郎義家（同書は、頼義の甥と記す）の頃から、成田家は大将と一緒に下馬するのが習わしだった。［中略］だから長泰は馬上から政虎を見下ろしていた。政虎は激怒した。［中略］『頼義は義家の伯父だったから、そういうことも許された。だが、いまはそうではないだろう』そう言って従者を遣わし、散々に痛罵させて馬から引き落とした」とあるのだ。

つまり政虎は古例を知らなかったのではなく、「いまと昔を混同するな。われわれは伯父と甥ではないのだから、そのような振る舞いをするのはおかしいだろう」とその無礼を咎めたのだ(182)。

では、なぜ長泰は「無礼」と言われかねない振る舞いをしたのだろうか。

これについては上杉家の藩史『謙信公御年譜』に、注目すべき解釈が見える。

ここでは、無断撤退のことを、長泰が「帰城の暇乞いもしないで、諸将に先立って密かに鎌倉の山内を立ち去った(183)」と記している。

これを知った政虎は、かれは武蔵の者の中でも「だれよりも早く味方に属した(184)」武将なのに、いまどうして帰国したのかわからないと不思議がった。そこで編者は次のように推測している。長泰と同じタイミングで味方についた太田資正は「鎌倉ノ大警護」の役に、同じく長野業正は「拝賀ノ規式」の役に就いた。だが、長泰だけは「何ノ役儀」にも預からず、諸将と同じ座席を与えられた。イベントの主催者ではなく、参加者として遇されたのである。長泰は、周囲の目が痛くなったのではないかと言うのだ。

わたしはこれを妥当な解釈に思う。当時の古文書（一次史料）を見ると、資正は鶴岡八幡宮に濫妨狼藉を禁じる制札を出し、治安維持の役を請け負っている。そして、長泰がなんの役にも就いていなかったのは確かで、もし仮になにかの仕事を受けていたとしたら、打擲事件の所伝は、それを絡めた形で伝えられたに違いない。

ここから下馬しなかった話を組み合わせると、次の流れが考えられる。

成田長泰は、晴れ舞台で手持ち無沙汰の立場に追いやられた。越後方の不手際だろう。そこで長泰は「古例」と称して、馬から下りないことで自らの面目を保とうとした。こうすれば参加者席でもほかの関東諸士より下ではないと誇示することができる。なにせ自分は日和見《ひよりみ》することなく、迅速に政虎の味方となったのだ。ところがこれを見た政虎が怒り出し、打擲事件が勃発したのである。

②政虎が打擲した理由

続いて、政虎が長泰を打擲した動機を考えてみよう。

成田長泰は、ほかの関東諸士の風下に立たないよう工夫して、下馬しなかった。これには政虎よりも居並ぶ諸士を不快にさせただろう。そこで政虎は従者を遣わし、理由を尋ねさせたが、大きな口論になった。そこでやむなく政虎が現場に出向き、自ら出向いて打擲したのではないか。政虎は、長泰が自分を見下すポーズを取っていることよりも、言い訳にもならない理由でほかの諸士より上に立とうとするやり方が許せなかったのだ。

③一次史料との矛盾はないのか？

ついで、一次史料との矛盾の有無を見ていこう。この事件はすべて二次史料（あとから書かれた軍記や系図などの記録）にだけ書かれていて、一次史料にはまったく書かれていない。もっとも歴史にはそんなことが山ほどあって、たとえば有名な合戦の詳細は、ほとんど二次史料にしか記録がない。それでも二次史料によっては情報の精度が高く、一次史料との明らかな矛盾がなければ、仮説という保留つきで史実の項に並べていいものもある。

さて、この事件と一次史料を比較すると、ひとつの疑義が生起する。

長泰が無断撤退してから3カ月ほどあとの一次史料を見ると、長泰の幼い子供が政虎陣営に人質として確保されているのだ。人質がいるなら、普通は黙って戦場を抜け出したりしない。すると、実際の長泰は二次史料と違って、なんの問題もなく、政虎のもとにい続けた可能性がありうる。

その一次史料を少し見てみよう。

同年6月10日付の近衛前嗣書状で、上野厩橋の前嗣が政虎に宛てて「成田の幼い身内が、昨夜（こちらに）参りました[185]」と書き送ったものである。長泰の幼い身内（おそらく息子）が人質として厩橋に移送された事実はここに動かない。

だが、これだけで「長泰がこのときまで政虎に人質を管理させているのなら、打擲事件は後世の作り話で、実際にはまだ上杉方の立場でいたのだ」というのは早計だ。

ほかの一次史料を見ても、政虎と長泰は同年中、すでに激しく対立して抗争する関係に陥っており、なんらかの揉め事があったと考えるのが自然である。だから、打擲事件を簡単に否定するべきではない。

この人質について、成田家に好意的な二次史料は、成田家臣の手島《てしま》美作守《みまさかのかみ》（＝豊島高吉《たかよし》）が長泰の撤退と連動して、その末子・若王丸を救出する描写を施している。ただ、若王丸は逃亡途中、利根川に転落して溺死したという。おそらく実際にはだれも救おうとしなかったのだ。しかし一般的な解釈だと、長泰が自分の息子を見捨てて退陣したことになってしまうから、具合が悪くてこのような物語を作り出したと考えられる。

この想像を裏付ける軍記として、先にも示した『北条記（異本小田原記）』［巻2］がある。こちらではこの手島高吉が通説と異なる動きを見せている。その内容を見てみよう。

打擲事件のあと、長泰は夜のうちに「酒巻・別府・玉井以下千余人、忍の領地へ」と帰国した。このとき、長泰の家老・手島高吉と長泰の次男は、政虎の人質として厩橋に置かれていたが、人質を管理する番人が、処刑の噂に青ざめる手島のもとへ赴いて、ある提案を告げた。

「是非ともあなたさまをお助けしたい。ただし帰国後、あなたの所領5000貫のうち30貫をわたしに授けてくだされ」

手島は喜んでこれを快諾したが、「長泰さまの息子も助けてやってくれ」と願った。しかし番人は「あなた一人でも危険なのに、そんな無理はできません」とこれを断った。手島はやむなく番人の言う通りに従い、厩橋城から脱出した。そして手島はこの番人を侍に取り立て、知行を与えた。

いっぽう置き去りにされた長泰の息子は川に飛び込んで落命。これが理由で長泰と手島は激しく対立することになり、ついには「手島は成田の子息の氏長《うじなが》と一味して、長泰をば追出しける」ことになったという。成田氏長と組んだ手島が下克上を果たしたのだ。

この下克上は史実である。氏長は永禄6年（1563）に長泰から家督相続を受けた。それから3年後、手島高吉と組んで長泰を追放している。のちに高吉の息子である豊島長朝《ながとも》は家臣筆頭の地位に上っている（『成田分限帳』を見ると、天正10年［1582］に「豊嶋美作守長朝」が「譜代侍」筆頭として「三千貫文」を知行）。

すると、こういうことだろう。成田長泰の人質だった息子と手島高吉は、長泰が帰国したあとも人質として取られており、ほどなく高吉は長泰の息子を置き去りにして脱出に成功したのだ。ここで一次史料との矛盾は一応埋められそうだが、また別の疑問が色濃くなってくる。どうして長泰は息子と家臣の身を顧みず、退陣を決行したりしたのだろうか。これは④のなぜ長泰ひとりの退陣だけで全軍が解散したのかと併せて見直してみたい。

④人質を見捨てた長泰と連合軍解散の理由

実は長泰もどうやら黙って退陣したわけではないらしい。荒ぶる関東武士として、そんな子供じみたことはせず、より積極的な行動に出た。政虎を暗殺しようとしたのである。

この様子は政虎の一代記『松隣夜話』を始めとする複数の文献に見られる。徳川時代以前に描かれた軍記では、長泰を当時の関東武士の感覚そのままに描いている。

まず、政虎に打擲された長泰は、その夜に政虎を暗殺しようと企んだ。「足軽を掛け夜軍にし討て根《うらみ》を報せんと企て」たのである。暗夜の襲撃を、政虎の家臣と太田資正が迎撃する。追い散らしはしたが、闇の中なので長泰本人の居場所がわからない。長泰は続けて小荷駄を狙い、あっという間に連合軍の兵糧を奪い取った。兵糧がなくなったら、継戦能力は失われてしまう。政虎が「しまった」と思ったところで手遅れだ。長泰は一撃離脱のゲリラ戦で、一夜のうちに連合軍を解散間近に追い込んだのだ。

政虎と長泰は翌日も激しく争ったが、長泰は暗くなる前に姿を消した。政虎は兵糧を奪還できないまま、長泰を取り逃してしまった。ここまで長泰は政虎に勝つつもりで動いていたため、人質のことなど一切顧みずに決起したのである。

長泰打擲事件→政虎暗殺未遂→連合軍崩壊

ここまで事件の背景を探り直してみると、その内容は単なる面白エピソードから、歴史事件のリアルとしてその様相が生まれ変わってくる。

打擲事件後の連合軍は、もともと仇敵同士である味方への不信感が募っていた。そこに兵糧の欠乏という深刻な事態に直面し、帰国を決意した。しかも間の悪いことに、関東では疫病が大流行していた。諸士一同、小田原攻めを切り上げて、領民の無事を確かめたかったに違いない。

こうして政虎の左右には、太田資正と里見義堯以外いなくなった。みんな自国へ逃げ帰ったのだ。これでは戦線を維持できない。小田原攻めを諦めた政虎は、厩橋城へと撤退を決意する。そこへすかさず北条軍が襲いかかる。このときに政虎が詠んだという狂歌が、今日に伝わっている。

味方にも敵にもはやく成田殿　長康（泰）刀きれもはなさず[186]

これは「味方にも敵にも早くなりたがる御殿様《おとのさま》。長くて安いだけの刀は切れも悪い（手切れしたはずの北条に未練がある）」と長泰を見下す内容だろう。それだけ悔しい思いをしたに違いない。長泰の離反は、政虎の戦略を大きく後退させることになった。

第17節　武田信玄の越山妨害

上杉政虎、武蔵忍城へ迫る

成田長泰が離反したことで、上杉政虎は鎌倉から撤退を余儀なくされた。

北条氏康からの逆襲が始まる。

武蔵へ移った政虎は、長泰の籠る忍城へ押し寄せ、「おい、どういうことだ。顔を出せ、この野郎」とばかりに最前線で指揮を執った。

このときの逸話がある。城壁の近くにいる政虎に、鉄炮兵が銃口を向けた。しかし弾は一発も当たらなかった。兵たちは驚いて、何度も銃撃を繰り返したが、やはり傷ひとつ負わせることも出来なかった。小田原攻めでもこれに似た逸話があるが、このときは政虎だけでなく、左右の兵士に、弾が髪を掠めても一動だにしなかったという。

激戦させに馬を乗り入れて督戦するのが政虎の用兵である。それでもなぜか不思議と怪我を負うことがなかった。ひょっとすると身を挺して大将を警護する兵が多数いたのかもしれない。ただ、詰めの城までは落とせたが、忍城の守りは固く、容易には制圧できそうになかった。

同じ頃、北条軍が上杉軍に占領された松山城へ押し寄せた。防衛する太田資正は、自分だけでは守れないと見て、援軍を要請した。政虎は忍城に手を焼いていたが、資正からの頼みとあれば断れない。すぐに部下の柿崎景家《かきざきかげいえ》らを派遣した。

この間、関東諸士は自領へ戻り、隣人への警戒を強めていた。昨日の敵は今日の友として、鎌倉に集まったかれらも月日が経てば、昨日の友は今日の敵と疑心暗鬼に陥ったのである。一度、一致団結した八州の将兵はここにふたたびバラバラとなった。

北条氏康と融山の対話

永禄4年（1561）5月、北条氏康は箱根別当の僧正《そうじょう》に、上杉軍追撃の勝利祈願を依頼した。すると僧正の融山《ゆうざん》は「敵の出張でひとえに御無念のことと御同情しますが、短気の合戦をするのはいかがなものかと思います」と説教するような手紙を返した。しかも「北条は日本の備たる副将軍だった御家です。そしてあなたはその御名字を受ける御身《おんみ》のはず」、ならばそんなことをしなくても「万民に御哀憐《ごあいれん》をもち、百姓に礼を尽くして接すれば、国家はおのずと治るのではないでしょうか」と非難がましい意見まで加えていた（5月25日付融山書状写）。

僧正には北条の為政者ぶりが、それぐらい粗雑に見えていたのである。

これを受けた氏康は、この3日後、強い語調の返書を送りつけた。

「さる春、景虎の威勢により、正木時茂をはじめとする八州の弓取りが、わが分国に押し寄せて来ましたが、武蔵と相模にある城のうち、江戸・河越など7、8箇所の地を無事に守り通し、しかも何度かは戦勝して、凶徒はほどなく敗北することになりました。このとき、敵の凡下を1000人以上討ち取りました。（まだ依頼をかけてはいませんが、これも）御祈念の力によるものかなと思います」と皮肉っぽく述べ、さらに「万民への哀憐、百姓への礼について御意見を受けましたが、去年は分国中の諸郷に徳政を下し、妻子や下人の質入れを無効にいたしました」と善政の成果を主張した。加えて「わたしは10年前から目安箱を設置し、諸人の訴えを聞くようにしています」と、これまで自分がどれだけ民政に心を尽くしたかを説いた(187)。もしこの史料が残っていなかったら、氏康の善政は、今日ほど知られていなかっただろう。氏康は宣伝工作が上手でなかったために、地味なイメージが強いが、実際には領民の安寧を願い、そのための方策を怠らなかった。

ただ、それでその地に生きる領民が幸せに感じていたかというとそれは別で、周辺国から「他国の凶徒」と非難される侵略者の支配下にあることを不満に思っていたのはたしかだろう。だから僧正・融山は、これら民衆の声と苦しい生活を見聞きして、氏康批判を展開したのである。

氏康は決断力のある大将だった。いまは無理をしてでも政虎を追撃しなければならないと見込み、勢力回復に総力を挙げたのである。

将軍の期待

4月16日、上野の政虎は、草津で「湯治」して「養性（生）」に努めていた[188]。

それからしばらくして、5月1日にふたたび鎌倉まで出向き、能楽を観覧していた。この動きを見てもわかるように、まだ政虎は、鎌倉を関東の首都に戻す初期構想を捨てていなかった（4月27日付直江実綱・河田長親書状[189]）。

そんな政虎のもとに京都から一舟《いっしゅう》という僧侶がやってくる。

将軍からの使僧である。一舟の手には6月2日付の将軍・足利義輝からの書状が携えられていた。その将軍書状には「東国に出陣して、概ね本意の通りに属したと聞いております」と労《ねぎら》いの言葉が認《したた》められていた[190]。ごく短期間で上杉憲政の旧領を奪還した上で、関東全土の諸士を従えての鎌倉入りを果たした、その戦功を褒めたのだ。

なお同日、義輝は側近の大館輝氏に対して「こちらは思う通りにならず、堪忍しがたい状況である」と三好政権下での苦しい胸中を一舟に申し含ませ、政虎に「そういう事情なので、馳走を頼み入る」ことを伝えるよう命じている[191]。将軍は、政虎が今回の壮挙を成就させて、上洛する日を心待ちにしていたのである。

一舟と面談した政虎は、将軍の望みをなにひとつ果たしていない、おのれの不甲斐なさに焦りを覚えたことだろう。このままでは、北条を一時的に苦しめる戦争を起こしただけの役立たずとして汚名を残すだけである。だが、おのれの非力さを悔やんでいても、事態は好転しない。天下の希望は、政虎の双肩にかかっていた。

武田信玄の反攻

政虎には、さらなる苦境が迫っていた。甲斐の武田信玄が動き出したのだ。

信玄はこの一年ほど身動きが取れずにいた。逆心を企てる一族の粛正、国境近辺の不満分子（仁《に》科《しな》・海野・高坂《こうさか》など）の成敗――。これらの騒乱に忙殺されていたのである。信玄は、無数の流血により、この難曲を辛うじて乗り切ることができた。ここからは、おのれらを滅ぼそうとした憎き痴れ者に目にものを見せてやる手番である。

信玄は、5月17日に甲府を出た。信濃と越後の国境近くで不満分子を成敗すると、敵地・越後へと押し進み、妙高山東の小田切（妙高市大字田切）を蹂躙した。その狙いは、政虎を関東から切り離す陽動にある。北条を助けるためだ。こうして政虎の目を本国越後に向け直させると、今度は北信濃で、政虎の属城である割《わり》ヶ《が》嶽《たけ》城を攻撃した。越後に本格侵攻するための拠点作りである。割ヶ嶽城は6月7日までに陥落した。

この事態に留守を預かる上杉諸将の背筋は凍りついたことだろう。信玄の反攻を止めなければ、越後全土が惨劇を迎えるのは必定である。信玄が占領地に容赦をするとは思えない。現地諸将の目が、厩橋の政虎に向けられた。

関東在陣か、あるいは越後帰陣か――。政虎はここに決断を迫られる。

上杉政虎の決断

後方支援なしに、関東在陣を継続することはできない。武田信玄を野放しにしていてはすべてが破綻する。肚を決めた上杉政虎は、諸将に指示を伝えた。厩橋城は近江でスカウトした河田長親に、古河城は近衛前嗣と足利藤氏と上杉憲政および長尾景信に後事を託した。そして自身は越後救援のため、いったん春日山城へ戻ることにしたのだ。

6月21日に厩橋を発った政虎は、同月28日までに春日山城へ帰り着いた。

政虎は、春日山城で関東からの報告を受けながら、本国越後の防衛体勢を整えることにする。それと並行して、信玄討滅の秘策を練り始めた。同年9月10日に行なわれる伝説的な「川中島合戦」は、このときすでに政虎の脳裏でスタートしていたのである。

第18節　上杉謙信の宣伝戦と正戦思想

息子を宿敵に託した武田信玄

ここで謙信の人となりを伝えるエピソードを見ていこう。

元亀4年（1573）、甲斐の武田信玄は死を前にして、息子の勝頼《かつより》に遺言を告げた。

「謙信と和睦せよ(192)」

武田家にとって長年の宿敵である上杉謙信と停戦するよう伝えたのである。理詰めの思考を好む信玄は、続けてその理由も述べた。

「謙信は勇ましい武士だから心配はいらない。若いお前の弱みにつけこむこともないだろう。みんなで『頼む』とさえ言えば、間違いが起きることもない(193)」

謙信の人格をずばりと評論して、後事を託すに値するとして言っているのだ。そして自らの後悔も告げた。

「わたしは大人気なかったので、謙信に『頼む』と言うことができず、とうとう和睦することができなかった(194)」

だが勝頼ならできる——と信玄は考えたのだ。

「必ず謙信に『頼む』と言うのだ。そうすれば、お前に悪いことはしない。それが謙信という人間だ[195]」とまで言った。

信玄は、人の弱点を探し出し、そこを攻めるのが得意な武将であった。謙信のこともよく観察して、その欠点を熟知していた。それでもなお若い息子には、信頼していい大将だと言い残したのである。なぜ信玄は宿敵に、息子と家臣団――すなわち武田家――の未来を託す気持ちになったのだろうか。わたしはこれを、謙信の宣伝戦の効果であると思う。

宣伝戦というと、現代的なプロパガンダを想像する人も多いだろう。プロパガンダの語源は、17世紀のキリスト教組織が異教徒に信仰を普及させる運動にあると聞く。もともとは軍事や戦略とは関係なく、「真なるもの善なるもの美しきもの」を伝えるためのものであった[196]。

そういう意味では謙信のプロパガンダも、現代的なイメージ操作とは少し違い、語源通り宗教的色彩が色濃いように思われる。謙信は、当時としても異質な宣伝戦を採っていた。

それは、義の心による波紋の広がりである。普遍的に人間の胸を打つ、精神の実践に注力したのである。

若年期の謙信

若い頃の謙信は、その権力基盤が脆弱だった。

なにせ長男ではなかった。つまり国主、大名になる予定などなかったのである。

越後は上杉定実《さだざね》という守護職がトップにいた。ところが謙信の父である長尾為景《ためかげ》がその実権を奪い、専制的な行政を行なうようになった。やがて為景が亡くなり、長男の長尾晴景が跡を継いだ。

晴景は病弱だった。満足に国政を執ることができず、大きな謀反が起こった。晴景にはこれを鎮圧する力がない。そこでやむなく弟の謙信が出征した。14歳ごろから「代々之軍刀」をもって戦場を疾駆してきただけあって、これを即座に鎮圧できた。鮮やかな手並《てなみ》に長尾家臣たちは目を見張った。かれらは謙信にこの国を統治してほしいと願い、晴景の家督移譲を支援した。

謙信はこれを私利私欲の〝下克上〟と思われたくないと考えたらしい。兄の幼い長男を養子にするという約束で、中継ぎ当主の座についた。それで〝生涯不犯〟を通したのだ。

ほどなくして、守護職の定実が老齢で亡くなった。跡継ぎはいなかった。その頃、将軍から国主待遇を与えることが約束されたが、ついで引退した兄・晴景も病没した。さらにその長男も体力がなかったらしく、幼くして早世した。

すると謙信は、「単に多くの国内領主たちから支持されている」ことと「将軍から国主にしか使えない白傘袋と毛氈鞍覆の使用許可を与えられた」という以外に、確たる法的根拠のないまま、国政を担うことになった。社長が永久不在と確定した状態のまま、専務取締役の肩書きを続投するようなものである。

そうなると、謙信は中央政府である幕府からの信頼と、国内領主たちからの支持を固めるしかない。大きな実権を持ってはいるが、まともな正統性が欠けているのである。こんな難しい舵取《かじと》りをしているところへ大きな危機が迫ってきた。信玄が隣国を併呑しようとしていたのだ。信濃諸将が謙信に救援を依頼する。

信玄は甲斐守護職である。為政者としての正当性は問題ない。これに比べて謙信の立場は、大いに見劣りがする。これで争うには、普遍的な正義を掲げるしかなかった。

信玄に鍛えられていく謙信

謙信は、信玄と戦いながら、その軍制と戦略、そして用兵を短期間のうちに高度化させていった。両雄が対峙を繰り返した川中島の戦いは、信濃北部の覇権をめぐる地域紛争の形で始められた。信玄が北信濃侵攻を本格化させると、苦境に陥った現地の諸士が謙信に救援を求め、謙信は国土防衛上の観点からこれを快諾《かいだく》した。

当初のうちは、単純な武力行使で片付くと思っていたようだ。ところが信玄は執拗に侵攻を繰り返し、謙信も必死の思いで対策を練ることになった。

越後は湾口《わんこう》都市が林立し、鉱物資源にも恵まれていて、経済的には他国へ進出する理由などない。それでも北信濃を守るには現地の支配権を確立しなければならなかった。

そこで謙信も信玄同様、国内の統制を強化したり、前線に城砦《じょうさい》を新築したり、味方を増やすための権威付けを図ったり、現地諸士の内応を受け入れたりと、戦国大名らしい戦略を実行していく。信玄と停戦交渉を進めるとき、どの城を取り壊して、どれを残すかという取引きのような話し合いも行なった。もちろん、信玄の野心がこれで終わるはずもないのは見えている。だから停戦の取り決めも次の戦いに備えて、先を読む必要があった。

このようにして、はじめ戦術規模の局地戦だった川中島の戦いは、戦略規模の紛争へと拡大されていく。信玄はどんないやらしい工作も厭わない。信濃だけでなく、謙信に逆心を抱く家臣や北陸の領主たちを扇動してでも、謙信の力を削ごうとした。目的のためなら手段を選ばない。こんな恐ろしい人間と争うことは、初体験だっただろう。ここに謙信は、本人の望みと関係なく、信玄に並ぶ戦略家を目指さざるを得なくなっていく。

義戦の決意

弘治3年（1557）1月20日、謙信は信濃諸士の要請に応じて武田信玄との合戦を準備し、信濃の更級郡八幡宮に願文を捧げた[197]。ここから第3次川中島合戦が始まる。

願文では「武田晴信《（信玄）》という佞臣は、ただ国を奪うためだけに信濃の諸士をことごとく滅ぼし、神社や仏塔まで破壊して民衆の悲嘆は何年も続いている[198]」と信玄の信濃侵攻を非難し、「私的な遺恨はないが、信濃を助けるため闘争する[199]」と宣言している。

先述したように、謙信は守護職なきその代役程度の身分で、越後を実効支配しているだけの私権力である。対する武田は甲斐守護職で、まったく正当な公権力である。こうした格差を埋めるため、謙信は、普遍的な善悪を持ち出して武田家に対抗しようとしたのである。

ここに、理想と現実を結ぶ概念として「義」の意識が芽生えた。

正戦思想の確立

謙信が北信濃に出馬すると、小菅《こすげ》神社へ立願する5月10日付の文書で「義をもって不義を誅《ちゅう》する[200]」と自らの意気を表明した。

そしてこれまでの鬱屈をぶつけるかのごとく武田軍に肉薄した。8月には川中島北方の上野原（長野市上野）で戦闘した。合戦後、副将の長尾政景が家臣への感状に「勝利を得た」と記しているので、一定以上の戦果を得たと見られる。しかし、互いの勢力図は大きく変わることなく、両軍痛み分けのまま撤退した。ただ、ここで注目すべきは、謙信の宣伝戦として、「義」が持ち出された事実である。謙信は正しい戦争と、そうでない戦争があるという考えの持ち主だった。このときよりそれを公的に明言するようになっていくのである。

謙信がここで自らを「義」、信玄を「不義」の側に置く根拠は、北信濃の諸士の要請に応じて、自分はどこまでも、かれら現地の人々と共にあるという立場を通したところにあるだろう。

ここで、大河ドラマ『武田信玄』で柴田恭兵演じる政虎が着用していた、飯綱《いづな》明神の前立を誂《あつら》える甲冑を思い起こしてもらいたい。いろんなドラマや絵画で同形の前立て兜を着用した謙信の姿を見たことがあるだろう。この武装には実際のモデルが実在する。上杉神社に保存されている「重文《じゅうぶん》本小札色々縅腹巻《ほんこざねいろいろおどしはらまき》〔附〕黒漆塗具足《くろうるしぬりぐそく》」である。

ただ、実際には合戦で使われたことがないと見られている。

というのも現品調査によると、実践用の防具につきものの「使用痕」がほとんどなく、太刀掛韋《かけかわ》も付していないことから、儀礼用である可能性が高いというのだ。

信濃北部には「飯綱山」と「飯綱神社」があるように、飯綱信仰の源泉地であった。するとこの甲冑は謙信が、川中島合戦に赴く際、現地諸士や民間人の協力を得るため、その信仰を最大限に尊重する姿勢を示すのに用いたのだろう。出陣式や社参の場で「祭りなら、俺の中にある」とばかりに、着用したと考えられる。ただし、単なるポーズではなかったはずだ。

なぜなら永禄3～4年（1560～61）の越山で関東全土の諸士が味方となっているからだ。このとき謙信は関東の大名に「依怙《えこ》による弓箭《ゆみや》は取らず、ただ筋目をもってどこだろうと合力していく」と豪語しており（先述。永禄3年［1560］4月28日付佐竹義昭宛書状）、義戦であることを強調している。これが口先だけのものならば、気骨ある関東武士が謙信のもとに集まろうはずがない。

善光寺（長野県長野市）

越山当時、関東の僧侶も謙信は信心深いので期待できるという世評を書き残している。こうした評価は、現地を疎《おろそ》かにしない敬意の払い方を、信濃で継続してきた成果だろう。謙信は川中島を介して、効果的な宣伝戦の仕組みを学び、それを実践することで、自らのブランド力を固めていたのである。

そもそも利害で人の心を操る技量で、信玄にかなうわけがない。ポーズや格好だけそれらしく飾ったところで、現地の支持を得られることもない。そこで謙信は、その装いに説得力を与えるため、普段からの言動が善であり、美であるように心掛けていったと考えられる。謙信のプロパガンダとは、表層的な評価の獲得ではなく、奥底から人々を心服させる精神性の誇示にあった。

その後も謙信は「義」の一文字に恥じない行動を心がけていた。

人々を制度や圧力で屈服させるのではなく、おのれの個性を惚れ込んでもらうことで、自発的に服属してもらえるよう努めたのだ。

公的な守護だった信玄に、私的な権力者である自分が立ち向かうにおいて、必要なのは他者からの支持であり、その獲得のためには、人間の心に向けてだけでなく、神仏の心をも納得させるプロパガンダとして、「真なるもの善なるもの美しいもの」の追求と実践が欠かせなかったのである。

こうして戦国乱世に「義将」の誕生という奇跡が生まれた。

第19節　決戦川中島（前編）——信玄が命名した〝車懸り〟

第四次川中島合戦と上田原合戦

永禄4年（1561）9月10日早朝、信濃川中島で「車懸り」の戦術が発動された。

武田軍は鉄炮隊の集中砲火に苦しんでいた。上杉軍の狙いは、人を殺すことではなく、備えを壊すことにあった。激しい銃撃は、武田軍の隊列を崩し、進路を作ることを目的としていたのだ。

先に進む道が確保できそうになったら、ついで弓矢を放ち、大きく拡張させるつもりである。移動と射撃を繰り返して距離を詰めたあと、今度は長鑓《ながやり》隊が突き進む。かれらは鉄の集団を砂粒の個人へと分裂させて、その動きを拘束するのだ。そこへ鍛え抜かれた騎馬武者たちが総大将の首を目当てに乱入する。そうなったらおしまいだ。武田軍には、これを阻止する対策などなにもなかったからである。

かれらはかつて、いまと同じ状況に追い詰められた記憶がある。天文17年（1548）の信濃上《うえ》田原《だはら》合戦である。

あのとき敵の総大将である村上義清は、この戦術で武田軍の本陣を衝《つ》いてきた。野戦では個人戦でしか使われていなかった鉄炮を集団戦に使い、ついで弓隊、鑓隊を用いて、精鋭の騎馬武者勢を乱入させるという前代未聞の戦術だった。双方の損耗を省みることなく、敵の枢軸《すうじく》へ強引に押し迫り、総大将を討ち取ってしまうという乱暴な作戦である。上田原では村上軍の企み通りにことが進み、義清率いる騎馬武者勢が、まっしぐらに攻めてきた。これで武田本隊は300メートルほど押された。

村上義清の無謀な突撃

自軍は瓦解《がかい》寸前だった。これを見た足軽大将の山本勘介[201]は、冷静に状況を読み解いて、対応策を提言した。縦に伸びた村上義清の馬廻（＝旗本）を斜め横から襲い、その動きを乱すべしというのである。総大将の武田晴信（後の信玄）は、即座にこの策を採り、実行を急がせた。だが、とうてい間に合わない。

侍と侍同士が白刃をぶつけ合い、火花を散らせた。これに驚く馬たちが、嘶《いななき》声をあげ、場を離れようとする。馬の口取りたちは、逃したら首が無くなるとばかりに、その背中を追っただろう。

晴信は決断のときを迫られた。もしこのまま動かないでいたら、恐慌状態に陥るしかない。覚悟を決めた晴信は、軍馬にまたがり、太刀を抜いた。義清相手に一騎討ちをすることにしたのである。この動揺を乗り越えるには、自ら応戦する以外にないと考えたのだろう。護衛の不足も要因となったに違いない。

28歳の若き晴信は、初老の義清に負けてなるかとばかりに勇戦した。だが、不覚を取った。二箇所の怪我《けが》を負わされたのだ。義清はすぐにその場を去った。急場をやり過ごした晴信に、逆転の芽が見えてくる。全軍の兵数と練度は、明らかに優位だったからである。果たして、勘介の献言が功を奏した。体勢を整えた味方が村上軍を追い返したのだ。やがて村上軍は駆逐されていく。

それにしても、義清の後先考えないデタラメな戦術で、総大将が怪我をさせられるのは痛手であった。あってはならないことだった。

晴信たちは、これを「今回だけの不幸な事故だった」と考えたであろう。次からはこんなことのないようにと、家中の侍たちにも訓戒したに違いない。不覚は取ったが、義清の作戦を不首尾に終わらせたのである。勘介の助言を採った晴信の采配が的確だったおかげであった。

景虎と義清

追いつめられた村上義清は、越後に支援を求めた。受け入れたのは、長尾景虎（後の上杉謙信）である。若い景虎は、まだ一国を得たばかりで、国内の領主たちから侮《あなど》られているところがあった。景虎自身これを気にかけていたようである。

国防の観点から考えて、武田軍の動きは看過できなかった。特に晴信にはなんらかの手立てをもって、一目置かせてやる必要があった。これらの課題を乗り越えるには、大きな武功を立てるのがいいだろう。亡父譲りの「代々之軍刀」たる馬廻を使い、勇名を挙げれば、改めてだれもが自分を仰ぎ見るはずだ。

義清から、手助けを頼みたいと願われた景虎は、上田原での一戦を尋ねた。義清は自分が採った作戦を説明した。すると、景虎は失地回復の合戦に意欲を見せて、「信玄の合戦は戦略上（後途《ごと》）の勝利を考えて、国を多く取ろうとする。だが私は国盗りを求めず、戦略上の勝利もかまわず、ただ眼前に迫る戦闘で勝利することに専念しよう」と答えた。

このとき景虎は24歳――。53歳の義清は、若き大将の瞳に、領土欲に取り憑かれていた自分とはまた別種の、野心が宿っているのを見逃さなかっただろう。

景虎に直属する兵は歴戦で、その人数も義清より多い。景虎自身の武技に至っては伸び盛りである。装備を整える資金も潤沢だった。ここに義清の苦肉の策に、景虎の功名心と有り余る財力と軍事力が合体して、戦国初の「諸兵科連合」が開発されたのである。

第一次から第三次までの川中島合戦

第一次から第三次までの川中島合戦は、こうした経緯から勃発した地域紛争である。そこで景虎は、何度も義清の戦術を真似しようとした。味方の各部隊で、敵の各部隊を足止めさせておき、自らの馬廻で、敵の馬廻と直接対決する。まるで合戦の名を借りた、一種の暗殺術のようだった。

ただしこの戦術には大きな欠点があった。「初見殺し」だったのである。一度使ってしまうと二度目には引っかけられない奇策なのだ。実際に晴信は、景虎との決戦を徹底的に避けてまわった。勇猛で鳴らしてきた武田軍が、それまでにない慎重な戦いぶりで、第一次、第二次、第三次と、正面対決を回避したのである。

第三次までの合戦では、鬼ごっこじみた光景が繰り返された。このため景虎はどうやったら晴信をこの戦術に巻き込んで、殺害できるかを模索し続け、晴信は晴信で、戦わずに勝つ方策を練り続けることになった。川中島は互いの頭脳を育て合った。こうして「眼前の戦闘」に専念する〝戦術の謙信（景虎）〟と、「戦わずして勝つ」という〝戦略の信玄（晴信）〟の戦闘指向が完成していく。もちろん知恵比べだけでなく、軍隊の制度も工夫を重ねあっていった。

やがて景虎は、近世の軍制基準となる兵種別編成を整え、晴信は潤滑《じゅんかつ》な連絡と命令を厳守する軍法を深化させていく。ここに戦国時代でも両雄の軍隊だけが異常発達してしまう現象が起きることになってしまったのである。第一次から第三次までの合戦は、景虎と晴信を、神話的な合戦の名手に育てる闘技場として機能することになった。

そしてこの四度目の戦いで、いよいよ正面衝突することになったのである。

〝車懸り〟という伝説の正体

第四次川中島合戦の前夜である9月9日、長尾景虎あらため上杉政虎は、決戦を前にする諸将に向かって、次のように告げたという。

「夜明けには、信玄の旗本へ切り込みをかける。ここで無二の一戦を遂げて、雌雄を瞬時に決めてくれようぞ(202)」

さらに本隊とは別のところに属将の甘粕景持《あまかすかげもち》隊を置いて、特命を下した。

「われわれは後半戦では敗北するだろう。そこでお前はこれに備えて、1000余騎で雨宮《あめみや》の先に布陣せよ。そこで撤退する士卒を支援するのだ。(それまでに)緒戦の鑓《やり》で面白いものを見せてやる(203)」

つまり、政虎は自軍が敗北するのをわかった上で、この戦術を実行させたのだ。虚々実々の駆け引きで知られる第四次川中島合戦だが、信玄もまさか政虎が戦略上の勝利を度外視して、自らの首を狙ってくるとまでは予想できず、その「初見殺し」の戦術を押し通されてしまったのである。

開戦直前、上杉軍が目の前に現れたのを見た信玄は、政虎の覚悟に驚きながらも、「あれは諸隊で諸隊にぶつからせて、最後には旗本で旗本を攻撃する〝車懸り〟という戦術だ」と相手の戦術を冷静に看破して、即座にその対策を取らせた。

しかし車懸りなる作戦は、これ以前の戦史上に、まったく見られない名前である。信玄が咄嗟に思いついた作戦名だろう。だとすればなぜ、いかにも由緒のありそうな名前を与える必要があったのだろうか。それはあの「初見殺し」に、再びハメられたなどとは言えなかったからである。信玄の言葉を疑うことなく、命令を死守する諸士たちのため、「わが見立てに失敗があった」と自らの失敗を認めることなど許されなかった。

そこで相手の作戦名に独自の名前を与えることで、これを「上田原の再来だ」という批判が立つのを抑止したのである。信玄が発した言葉の魔力は、450年以上有効だった。川中島の状況と上田原が同じだと見抜く兵学者や研究者は、これまでひとりも現れなかったのだ。かれらはみな「車懸りとは――?」と、その作戦の中身をあれこれ理論的に考究し、「車懸りの陣」なる円形の布陣図を描いてみたりして、わざわざ霧の中に迷い込んでいったのである。

ちなみに上杉軍も、この戦術を「車懸り」と命名されたことを、徳川時代になるまで知らなかった。かれらは政虎のシステムを「御軍列」「七手組」と呼ぶに留めて、その戦術に名前をつけたりはしなかった。

第20節　決戦川中島(中編)——局地戦と決戦

局地戦ではなかった第四次川中島合戦

川中島合戦は、現地で5回以上争われたとされている。

古戦場でこの話をした豊臣秀吉《とよとみのひでよし》が「ハカのいかぬ戦をしたものよ」と笑ったという。しかし秀吉は川中島の地に入ったことがなく、完全に後世の創作話である。ところがこの話はひとり歩きして、「川中島合戦は上杉謙信と武田信玄が才能の無駄遣いをした無駄な局地戦だった」という評価が広まってしまった。その延長上にあるのが、「この合戦は、濃霧で視野の効かなかった両軍が、たまたま衝突して勃発した不期遭遇戦《ふきそうぐうせん》である」という異説である。この解釈の根底には、上杉軍も武田軍も本当は決戦を避けたかったのだという主張がある。

この地で繰り返された合戦が、すべて単なる領土争奪の紛争であったなら、無駄な局地戦というのもわからなくはない。実際、第一次から第三次までそうした争いで、天下や広範囲の政局と一切関係のない独立した局地戦として完結していたからだ。しかし第四次合戦は、そうではなかった。

永禄4年（1561）春まで越山して、関東で越相大戦を主導していた謙信が、越後に引き上げ、川中島に現れたのは、これを妨害する武田信玄を討ち取るためであった。大戦初期、信玄は不満分子の粛清に追われて身動きが取れないでいた。だが、政情を落ち着かせると、越後へ出兵して諸将を戦慄させた。謙信は、この事態を看過できず、関東での戦いを中断して帰国を急いだのだった。

そこで、謙信こと上杉政虎は、川中島で決着をつけるため、大軍を催して出馬を敢行したのである。政虎は、この戦いで信玄を滅ぼし、憂いを絶った上で越山をやり直すつもりでいた。関東には安房の里見義堯や武蔵の太田資正だけでなく、古河に関白・近衛前嗣と前関東管領・上杉憲政を置いている。かれらのためにも、必ず凱歌をあげて、関東へ戻ってこなければならなかった。

局地戦として決着済みだった第三次までの合戦

天文19年（1550）、武田晴信は、信濃守護小笠原長時《ながとき》を深志城から追い払って、3年後には村上義清に戦勝した。もはや向かうところ敵なしの勢いに、打つ手なしとなった北信濃の諸士たちは、隣国越後を統治する長尾景虎に救援を求めて、快諾を得た。

こうして天文22年（1553）第一次川中島合戦が始まった。景虎は決戦を希求したが、これを回避される形で戦局が定まった。合戦は、双方ともに一定の武威を示す形で終わった。

続いて天文24年（1555）の第二次である。200日に及ぶ長期戦になったところに、駿河の今川義元が仲介の労を買い、これも勝負つかずの結果に終わった。

弘治3年（1557）の第三次は、さらに緊迫の色合いを増す北信濃情勢により、景虎は対決姿勢を強め、晴信も相模の北条氏康からの援軍を得ていた。ここでも明確な勝負はつかなかった。ただ、ここまで両軍ともその消耗戦に疲れたのか、東国随一の大名今川家よりも上の権力からの仲介を得て、恒久的停戦を妥結することになる。

その権力とは、畿内の幕府であり、将軍・足利義輝であった。

第三次と第四次の相違点

足利将軍の仲介で両雄の停戦が妥結された。

ここに北信濃をめぐる地域紛争は終了したのである。

武田晴信は停戦案を受諾する代わりに、将軍に信濃守護職の公認を求めた。もとの信濃守護である小笠原長時は、その晴信に居城を制圧されて、景虎を頼ったあと、側近たちと共に上洛して三好長慶の庇護を受けていた。長時がまだ健在なのに晴信が信濃守護になれたのは、将軍が長慶を敵視していたからだろう。当時の将軍は三好政権に京都を逐われ、近江に亡命政府を置くほどの落ち目にあった。晴信は、この状況を利用したのだ。

ただ、義輝が長慶と和睦して帰京し、さらに景虎が上洛して幕府に直接奉公をすることで、雲行きが変わってきた。いまの幕府は、表向き三好政権と合体していた。ここで三好長慶は義輝に、「和睦の証として小笠原長時を信濃守護へ戻せないか」と伝えていたであろう。景虎も「晴信はこんなに悪い大将です」と主張したに違いない。将軍は、晴信に信濃守護職を与えた過去を取り消すべき状況にあった。

京都から帰国した景虎は、関東に越山して奮闘した。これを聞いた将軍は、永禄4年（1561）閏3月4日付の御内書《ごないしょ》にて、景虎に小笠原長時の信濃帰国を支援するよう下命した。

小笠原長時の帰国を問題なく進めるため、神妙に尽力すること。なお、［本件について幕臣の］大館晴光から説明することがある[204]。

〈足利義輝花押〉

壬三月四日

長尾弾正少弼［景虎］とのへ

これは武田晴信の信濃守護就任を反故にするのと同じである。将軍は、晴信切り捨てを決断したのだ。景虎による信濃侵攻の正当化を支援するためだった。景虎あらため政虎が「上意である」とこの御内書を大義名分に触れて回れば、武田に属した現地諸士を離反させることも可能となる。

第三次で恒久的に終結させられたはずの川中島合戦は、第四次においてその発生経緯がそれまでと大きく異なっていたのだ。小笠原長時の帰国を大義として、京都ならびに関東の情勢を中心とする天下の政局と連動して勃発したのである。

第四次川中島合戦は、関ヶ原合戦が西美濃現地の争奪戦ではなく、政局中心の決戦であったのと同じように、天下の行く末を定める決戦として現れたのだ。

政虎と信玄、宿命の対決

川中島合戦は第三次まで北信濃の覇権をめぐる地域の局地戦だったが、第四次だけはそうではなく、上杉政虎に東国情勢を塗り変えさせようとする将軍の思惑があった。そして信玄が政虎の関東侵攻を妨害するべく越後に進撃したことが契機となった。

優れた諜報能力を持つ武田家は、政虎の思惑と、将軍の裏切りをそれとなく察していたであろう。ただ、将軍と政虎の共謀証拠を得ることは困難で、仮に陰謀を論証する材料を揃えられたとしても、訴える先がどこにもなかった。するとこの窮境は、善悪を唱えても意味がなく、実力で乗り切る以外になかった。

こうして信玄は否応なく、ふたたびあの敵と対戦する運命に導かれていったのである。

ちなみに武田信玄は、第三次合戦後の永禄2年（1559）9月1日に、信濃の「下郷諏方大明神（生島足島神社）」に対して、「長尾景虎をたちまち北方へ追い返して撃滅する(205)」ことで「信玄が望むような勝利を得る(206)」ことを祈る願文を捧げている(207)。

ここに、信玄の強硬姿勢がよく示されている。越後の軍勢がやってきたら撃滅すると明言することで、信濃支配を固める覚悟であった。

ところで甲斐武田家の者たちは、いまの世は「天下戦国《てんがせんごく》」だと述べていた（「甲州法度之次第」）。この時代を戦国の世であると言い切る大名は、信玄の時代はほかにいなかった(208)。つまり武田家だけが「いまは古代中国の春秋戦国と同じだ」と考え、「ならばその時代を手本にしよう」とばかりに、御家を国家同然に見立てて家中を組織化し、富国強兵を念頭に独自の法度や軍法を整え、理知的な戦略と計略を推進してきた。そうした「戦国」を是認する権力体が、武田信玄という大名家だった。

かたや越後長尾家は、戦乱に乗じて勢力拡大や濫妨狼藉を働く輩を忌み嫌っていた。平和を前提とする社会を実現するため、当主たる政虎自身が自分の戦いを「順法之弓矢(209)」であると理念を前面に押し立てて、「戦国」の否認に邁進していた。

両雄ともに同じ世に生まれ育ちながら、戦国の〝是認〟と〝否認〟という対極の政治思想に突き動かされていたといえる。その衝突は戦国の是非をめぐる必然の決戦であったのかもしれない。

次節は、上杉政虎と武田信玄の伝説の瞬間そのものに迫るとしよう。〝龍虎一騎討ち〟の有無である。

第21節　決戦川中島（後編）――龍虎一騎討ちの有無

伝説を探る手がかり

永禄4年（1561）の第四次川中島合戦で、上杉政虎と武田信玄の一騎討ちはあったのかという大きな謎がある。これを解き明かす方法を考えてみたい。

まず思いつくのは、武田信玄の血判状などをDNA鑑定して、次に謙信が川中島で使ったと考えられる太刀を絞り出し、その太刀を片っ端から調べ上げて、刃先に染み付く血痕《けっこん》を検出することだ。そこに信玄と一致する血脂の跡を検出できれば、「一騎討ちはあった」と確言可能になるだろう。

だが、実際に調査するのは難しい。460年前の血痕が、当時の金属に鑑定可能なほど残っているか不明だからだ。ちなみにこのとき政虎が使った太刀は「小豆長光《あずきながみつ》」だったと言われているが、そういう名前の太刀は現存していない。しかも小豆長光は、あとから作られた愛称で、どの太刀がそう呼ばれたか不明なのである。わたしは、肥前の「国吉《くによし》」だったのではないかと見ているが、これもいまは行方不明である。

つまり物理的な証拠を探し出すことができないのが現状なのだ。ならば、既存の文献情報をベースに想像するしかない。当時の書状と感状、そして『甲陽軍鑑』や『謙信公御年譜』および初期軍

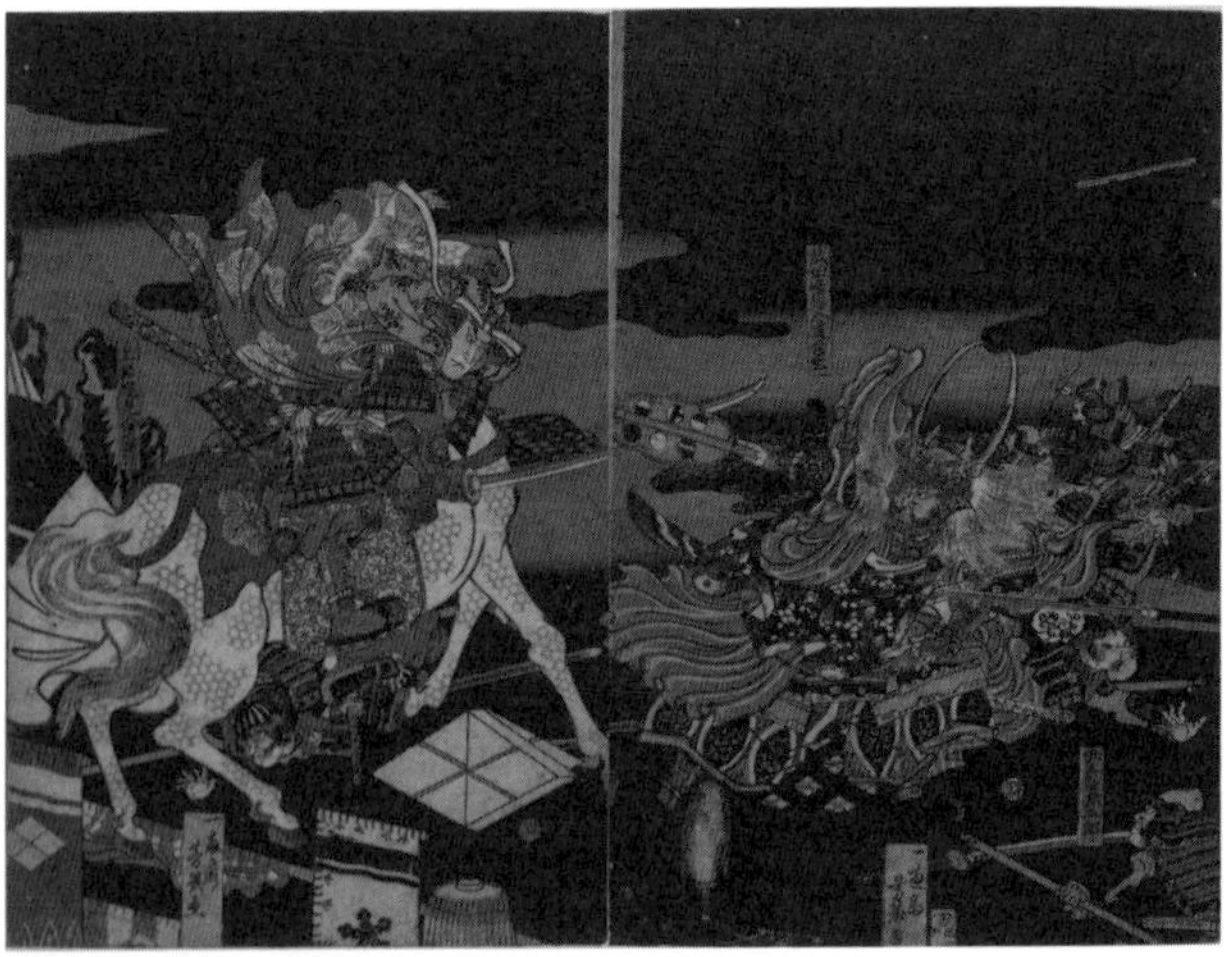

歌川国芳『武田上杉川中嶋大合戦の図』

記の『松隣夜話』、そのほか関連する軍記類を参考に追跡してみよう。

決戦部隊としての馬廻

川中島で決戦となったとき、政虎の目的は明確であった。信玄ひとりを殺害することである。この時代の大名は、いずれも軍団最強の旗本（馬廻）を持っていた。構成員は基本的に、大名の城下に居住する親衛隊で、その武装も国内最強だった。

大名の馬廻は、決戦時に大名の攻撃または防衛に使用された。桶狭間合戦では、織田信長が馬廻を攻撃隊として敵本陣に投入せしめた。対する今川義元も、馬廻に円形隊形を取らせて自身の防衛隊に用いた(210)。最強の部隊同士が戦い、最終的には信長の馬廻が勝利した。織田軍が義元の首を討ち取ったのである。

ただし信長も義元もこの時代では当たり前の軍制と用兵で戦っており、馬廻同士の対決は偶発的に生まれた（または強引に巻き起こされた）事件だった。ところが、こうした馬廻同士の決戦を人為的に誘発させるシステムを取り入れた人物がいた。政虎である。

政虎は馬廻を攻守両用の決戦部隊として活用した。馬廻以外の諸隊に、敵の諸隊を停止・拘束させて、自らの馬廻を敵の馬廻に突進させる「自身太刀打ち」を仕掛けると言うものである。武田信玄は政虎の戦法を「車懸り」と呼んだ。

この戦法が首尾よくいけば、政虎本隊たる馬廻は、敵の大将・信玄を斬殺することになる。政虎は最高級の刀剣と甲冑を装備して、武芸の腕前も達人級だった。信玄討ち取りの意欲にしたってだれよりも高い。馬廻に任せるより自分で太刀打ちするのが合理的だ。第四次川中島合戦において、政虎はこうした得意の用兵を使い、信玄相手に一騎討ちを挑もうとしたのである。

思惑通りの正面対決

合戦は政虎の思惑通りに始まった。上杉軍の七手組が、武田軍の動きを全力で封じる。その最中、武田軍の右翼に政虎の馬廻が襲い掛かる。ここに桶狭間と同じく馬廻同士の対決が勃発したのだ。

このとき本陣にいたであろう山本勘介（道鬼斎《どうきさい》）が上杉軍に殺害された。さらに別隊にいた信玄実弟の武田信繁《のぶしげ》も戦死した。このほか、室住《もろずみ》（両角）虎光《とらみつ》や初鹿野忠次《はじかのただつぐ》など多数の重臣を討ち取った。車懸りの戦法がクリティカルヒットを加えたのだ。

そして信玄後継者の武田義信《よしのぶ》と、信玄自身も何者かの攻撃を受けた。

武田方の文献である『甲陽軍鑑』［品第32］によると義信は「二ヶ所御手おはれ」、信玄は「御腕にうす手二ヶ所」を負傷させられたという。一次史料ではないが初期軍記がわざわざ自軍の劣勢を誇張することはなく、信玄負傷は動かざる事実と見て大過なかろう。

第四次川中島合戦における武田軍の被害を豊臣秀吉の組織でたとえると、豊臣秀長《ひでなが》・黒田孝高《よしたか》（如水）・蜂須賀正勝《はちすかまさかつ》・加藤嘉明《よしあきら》クラスが一度に戦死するのに匹敵する大痛手であった。これは前節で述べたように、この戦いが第三次までの局地戦と異なる一大会戦だったことも示していよう。

『甲陽軍鑑』の説明

ところで信玄の負傷を記す『甲陽軍鑑』の説明を追ってみよう。同書は「萌黄色《もえぎいろ》の陣羽織を着た武者が、白い手拭いで頭を包み、月毛色の馬に乗って、約三尺（約90センチメートル）の刀を抜き持って、床几《しょうぎ》の上にいた武田信玄公のもとへ、まっしぐらに迫ってきた。そして三太刀ほど斬り奉ってきた。信玄公は立ちがって軍配団扇《ぐんばいうちわ》で受け流したが、あとで見るとそこには八つの刀瑕《かたなきず》が残っていた[211]」と書いてある。

そして、信玄を傷つけた武者を情報源は不明ながら、「あとで聞いてみたところ、その武者は上杉政虎であるとのことであった[212]」と、政虎当人だったという風聞があったことを特筆している。ただし断定はしていない。

関白が絶賛した「自身太刀打ち」

ここで合戦直後の史料を見てみよう。政虎の戦功を絶賛する関白・近衛前嗣の10月5日付書状に、政虎が自身太刀打ちしたことが明記されているのだ。

「珍しいことではないですが、(あなた=政虎が)自身太刀打ちの運びに及ばれましたことは、比類のないことです。天下の名誉と言ってもいいでしょう[213]」

ここでは、政虎の「自身太刀打ち」を「珍しいことではない」けれども、「天下の名誉」だと讃えている。すると政虎の「自身太刀打ち」は常用の戦法が結実したものと考えられよう。なぜなら「珍しいことではない」うえに、「天下の名誉」であるのだから、不慮の事故ではなく、政虎の計画通りであったと考えられるからだ。

巷説で言われるような「濃霧のなか偶発的に発生した不期遭遇戦」であれば、このような表現にはならなかったに違いない。また、上杉方の史料『謙信公御書集』および『謙信公御年譜』を見るとこのために編成された政虎の馬廻の具体的内訳が記されており、これを見る限りその用途は明らかに馬廻同士の決戦を想定している。

ここまで2点の史料からすると、政虎は馬廻同士の対決を挑み、信玄を負傷させた。ただし、だれが信玄を負傷させたかは確証が得られない。この書状を書いた近衛前嗣も政虎が信玄を負傷させたとは考えていなかったと思われる。もし政虎が信玄と直接太刀打ちしたことが明らかなら、前嗣は必ずそこを明記して強調したはずだからである。政虎の馬廻が信玄の本陣に斬り込んだのは事実としても、一騎討ちをしたとまでは認められていなかったのだろう。

荒川長実ｖｓ.信玄は史実か？

この一騎討ちに対しては有名な異説がある。徳川時代に成立した上杉藩の公式記録『謙信公御年譜』が、太刀打ちを行なった武者を政虎ではないと述べているのだ。以下に部分引用しよう。

「［敗走する武田軍を追ってきた］荒川長実《あらかわながざね》は〝信玄ここにあり〟と見て、三太刀まで打ち付けたが果たせず、太刀を抜く余裕もない信玄は軍配団扇でこれを受け流した[214]」

この荒川長実は、政虎の近習である。公式の藩史にある記事なので、信頼できそうな話にも思える。ここから「武田軍にすれば、信玄が近習に傷つけられたと認めると体裁が悪い。そこで『甲陽軍鑑』は政虎の仕業という話に仕立てたのだ」と考える人もいる。だがこれだけでは決め手に欠けるだろう。もう少し掘り下げる必要がある。

別の史料を見てみたい。実は『謙信公御年譜』に先行する文献があるのだ。越後流軍学者の手による民間の戦国軍記群である。

これらを書いたのは政虎家臣の宇佐美定満《うさみさだみつ》の子孫を自称する人物・宇佐美定祐《さだすけ》である（ただしこれは偽名で、本名は大関左助《おおぜきさすけ》）。定祐は、〝信玄を襲撃した武者は荒川長実だ〟と、その著作物で繰り返し唱えていた。

たとえば軍記『河中島五箇度合戦記』がある。ここには『謙信公御年譜』とほぼ同種の説明があり、荒川長実が信玄に斬りかかっている。ただし一点大きな違いがある。一騎討ちの発生した年月日がまるで違っているのだ。

越後流軍学という捏造兵法

この軍記は、永禄4年（1561）の第四次よりも、弘治3年（1557）の第三次合戦描写に力を入れており、しかも第四次で亡くなったはずの山本勘介・室住虎光・初鹿野忠次らをその4年前であるこの合戦で亡くなったことにしている。さらに同書は政虎と信玄の一騎討ちを第四次ではなく、天文22年（1553）の第一次合戦のこととしている。このとき、武田軍は政虎が太刀打ちしたとは思わず、荒川長実の仕業と誤解したという説明も付している。

この軍学者は、ほかにも『上杉三代日記』『北越軍記』など大量の上杉系軍記を偽名で作成した。

かれは、そこで第四次合戦の一騎討ちをなかったことにし、第一次または第三次合戦において、両大将の一騎討ちを活き活きと描く。これはどういうことか。タネは軍学者の宇佐美定祐の出自にある。かれは宇佐美定満の子孫を偽称して、定満の伝承を拾い集めた。その過程で、定満が第四次合戦であまり活躍していないらしいことが見えてきた。これに困った定祐は、〝それでもわがご先祖さまは、あの偉大なる謙信公の天才軍師だったのだ〟と主張するため、偽系図や偽感状および創作軍記を増産した。

そしてその作品内で、第一次と第三次合戦をできるだけ派手に脚色すると共に、大人気だった第四次合戦を、わざとあまり見せ場のない地味な戦闘だったように見せかけなおした。龍虎一騎討ちの年代を第一次へ移動させたり、荒川長実と信玄の太刀打ちを強調したりしたのがそれである。

定祐の努力は、やがて実を結んだ。その作品が多くの読者を獲得したのだ。これに着目した徳川御三家の紀州藩は、「ぜひ高名な先生に来てもらいたい」と定祐を高禄で召抱えた。こうして、謙信由来でもなんでもない「越後流軍学」およびかれ独自の謙信像が、上杉藩とは別のところで定着した。定祐は、経歴詐称と文書偽造とインチキ兵法の偽作で、立身出世を果たしたのである(215)。

これだけなら単なる喜劇だが、ここから大きな悲劇が始まる。米沢の上杉藩が正史編纂の事業に着手するとき、なんと定祐の偽造文献を歴史資料として真剣に読み込んだのである。その結果、『謙信公御年譜』が、第四次合戦での信玄と長実の一騎討ちを採用してしまったのだ。

異説からわかる事実

ここまでの話を振り返ろう。

武田の記録『甲陽軍鑑』は、武田信玄を傷つけた武者は政虎であるとの風聞を記した。徳川時代の越後流軍学者は、第四次合戦の一騎討ちそのものを抹消しようとした。政虎の友人だった近衛前嗣は、その作戦が首尾よくいって、政虎自身が太刀打ちしたことを絶賛したが、信玄と一騎討ちしたとは書かなかった。徳川時代の上杉藩は公式史料で、軍学者の記録に騙されて、第四次合戦で荒川長実と信玄が一騎討ちしたと記してしまった。

政虎が信玄と一騎討ちした可能性はあるものの、だれも確証を得られていなかったのだ。もし龍虎一騎討ちが確実な事実と認められていたら、近衛前嗣や武田はこれを断定して書いただろうし、軍学者が作り話を挿入する余地も生まれなかったはずだ。もちろんその後、上杉藩が偽造文献に惑わされることもなかったに違いない。

霧の先に隠れた真実

では、信玄に怪我を負わせたのはだれかということになるが、これは政虎自身もわかっていなかったのだろう。政虎は信玄を殺害するべく敵旗本に馬を乗り入れた。だが信玄は普段から複数の影武者を置き、「黒き鎧に、香染頭巾《こうぞめ》し、念珠《ねんじゅ》を手に懸けたる法師武者三人、一所に立ち、侍十人計《ばか》り打囲《うちかこ》みたるあり」という警戒ぶりだった（『松隣夜話』）。しかも「戦場に坊主〈ただし「法体となれる武士」〉六百人を同伴せり(216)」と伝わるように、その身の回りは法師武者たちが大勢立ち並んでいた。

坊主頭の者ばかりの武田本陣で、武芸達者の政虎が馬上から太刀を振り回し、何人か怪我を負わせたところで、だれが信玄かわかるわけがない。武田軍も、信玄を生き延びさせれば、この戦いに勝てると信じているので、上杉の騎馬武者が乗り込んできても、必死の演技で、信玄の正体を隠し通したはずだ。だから政虎はさっさと諦めて、馬首を返した。ハンター視点で考えてもらいたい。獲物に怪我をさせたところで、逃げられてしまったら、相手がだれであれそんなものはなんの自慢にもなりはしない。もしかすると太刀打ちした相手は信玄だったかもしれない。だが政虎は、一睡の夢をあとから誇ったり悔やんだりするほど感傷的でもなかった。

こうして政虎の「自身太刀打ち」と「法師武者」による信玄の負傷は、当人たちにも相手がだれなのか不明なまま〝伝説の一騎討ち〟として語り継がれることになった。そしてその真偽はいまも霧の向こうに隠れている。

《番外編・肆》越山は乱取り目的だったのか？

上杉謙信と人狩り

義の武将と言われる上杉謙信について、「関東への出陣は、雑兵たちを食わせるための人狩り（誘拐）や乱取り（略奪）を常習する出稼ぎだった」という衝撃的な異説がある。

ここではこの異説を掘り下げてみたい。ただし、義将か凶将かという二択の問題にすると答えが偏るので、結論を想定せずに史料を読解していこう。

まず人狩りについてである。

この説の謙信は、関東で奴隷狩りを繰り返し、そこで人市《ひといち》を開かせて、荒稼ぎしていたことになっている。義戦とされる越山は、そのための方便だったと言うのである。これには、東国の奴隷売買にそれほど大きな市場があったのかという疑問に始まり、人市という史料に依らない造語など、無数の問題があるものの、なぜか無批判に信じられている。

この説の根拠とされている史料を取り上げよう。

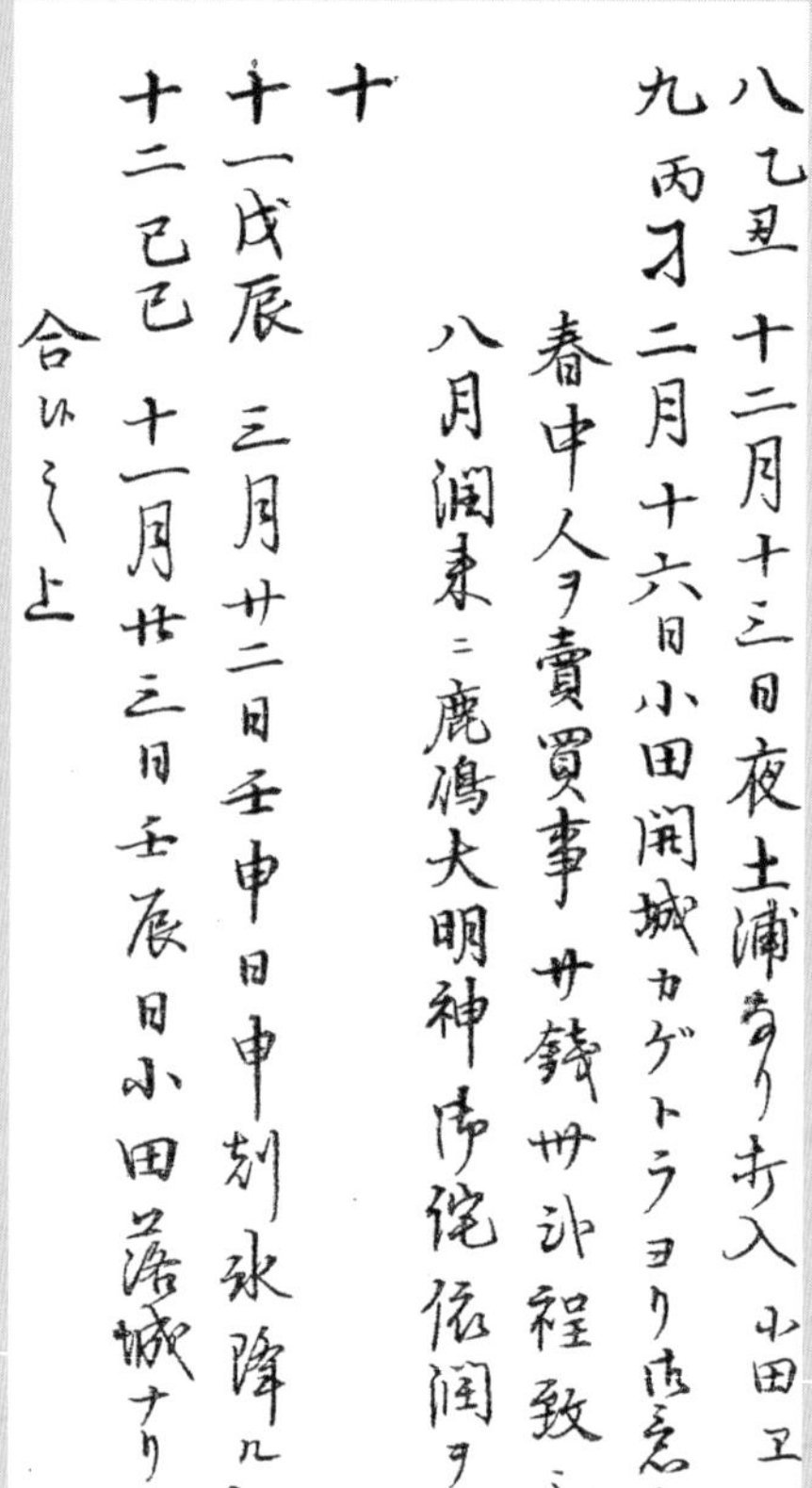
八乙丑　十二月十三日夜土浦ゟ打入　小田ヱ
九丙寅　二月十六日小田開城カゲトラヨリ御意をモッテ
春中人ヲ賣買事　廿銭卅弐程致シ候
八月潤朱ニ鹿嶋大明神御侘依閏ヲ六月ニナシ候
十
十一戊辰　三月廿二日壬申日申刻氷降ルヤ
十二己巳　十一月廿三日壬辰日小田落城ナリ東方テ卦
合ひこと上

『古文書雑集』［二］より「和光院和漢合運之事」

「二月」の小田開城と「春中」の人身売買

永禄9年（1566）2月16日、謙信（当時は輝虎）が常陸の小田氏治を攻めて降参させた。このとき、戦争捕虜の取り引きが行なわれたという。

九丙寅二月十六日小田開城、カゲトラヨリ御意をモッテ、春中人ヲ売買事、廿銭卅弐程致シ候この一文を現代語訳すると、「小田城が降参した。謙信（＝カゲトラ）の許可があり、春中に捕虜が売買された。20銭で32件ほど行われた」と読むことになろう。

ところが、この記事が書かれた「和光院和漢合運之事」（『古文書雑集』〔二〕）を実際に見てみると、次のところで改行されている。

九丙寅、二月十六日小田開城、カゲトラヨリ御意をモッテ、
　春中人ヲ売買事、廿銭卅弐程致シ候、
　八月関東に鹿島大明神仏侘依潤ヲ六月ニナシ候、

ここでは二月と春中と八月が年次の下段に等しく並んでいて、ほかの年次でも、月はすべて同段に置かれている。箇条書きの書式である。

これを前提に永禄9年の内容を見直すと、通常の解釈と異なることが見えてくる。

まず、「二月十六日」のところは倒置法で「謙信が小田城の降参を許可した」と述べている。次いで「春中」は「人の売り買いがなされた」ことを記している。そして「八月」は鹿島暦に触れた記事となっている。

この宗教史料は、改元や戦災ならびに天災、宗教行事のことを中心に筆記したものである。する

と小田城の降参と人身売買はまったくバラバラに独立する記事で、この人身売買も小田城とはまったく無関係なものなのである[217]。

ついで同じ事件を記す『四吉備雑書』も見てみよう。

「永禄九年丙寅　小田二月十六日開城、カゲトラヨリ御意をモッテ、
永禄九年丙寅　春中人ヲ売買事、廿銭卅■程致シ候」

ここでは「小田開城」と「人ヲ売買事」が、別項目の事件として、それぞれ独立する形で記されている。これが明治期に『越佐史料』などで活字化されたとき、なぜか同じ行にくっつけられてしまった。ここから「小田城を降参させた謙信が、人身売買を許可した」という意味で読まれることになってしまったのだ。

ここで仮に、謙信が2月の小田城の降参だけでなく、春中の人身売買まで許可したのだとしよう。それでもこれは人狩りの史料とはならない。この史料を通読すると、この事件以外に人身売買の記事が見えないのである。

謙信の次の世代の話だが、豊臣秀吉は「東国習《ならい》ニ、女童をとらへ、人を売買仕族《うりかいつかまつるやから》」を許すべきではないとして、これらをすべて「御成敗」するよう伝えている[218]。戦争捕虜の人身売買は「東国習」すなわち東国で常習される犯罪行為であった[219]。ならば、どうしてこのときだけ特筆される必要があったのだろうか。

それには然るべき理由があったはずである。この時代の戦争捕虜は、２～10貫が相場であった（30万～１５０万円ほど。『甲陽軍鑑』による。武田軍は信濃の戦争捕虜を甲府で取り引きさせた）。しかしここではその1パーセントほどの値段で、身内に買い戻しやすく設定されている（３０００円ほど）。するとこれは事実上の捕虜解放であるだろう。記録者の宗教家がこの事件を特筆したのは、前例のない歴史的事件として認識していたためだということになる(220)。

他人任せの戦後処理

しかしどのみち謙信および上杉軍は、この人身売買に関与していない。なぜなら小田城の降伏後、即座に下野へ北上して、佐野周辺の抵抗勢力を沈黙させ、さらにそのまま房総半島の平定に向かっているからである。小田攻めは、同国の太田道誉や下総の結城晴朝など、関東連合軍によってなされた。戦後処理もかれらが行なっていたはずである。

上杉謙信と乱取り

ついで上杉謙信が乱取り（将兵の私的な略奪）を常習していたという説が生まれた背景を見ていこう。それまで謙信には道義を好む武将というイメージが定着していた。大河ドラマ『天地人』のような、〝人が人としてあるべき美しさ〟を探求する孤高の僧将という人物像である。だが、歴史を知れば知るほど、現実離れした創作キャラクターだとの印象が強まり、それに対するアンチテーゼとして別の側面を追求する機運が高まった。

たとえば領土を得るわけでもないのに、謙信が何度も関東へ越山した理由が不明瞭である。これを「義のためだった」と言われて納得できる人は希少だろう。むしろ「なぜ謙信だけ特別だと言えるのか」という疑問が起こる。ここで人々の欲求を満たす答えとして、「出稼ぎ」や「口減らし」が目的だったのだとする説が提起され、「やはりそうだったか!」と支持を集めたのだ。

では、その乱取り説の内容を見ていこう。その根拠となっているのは、史料やデータではなく、概観による想像である。

当時の越後は二毛作が難しく、冬には雪深くなる土地なので、領民を養う食料の確保が難しかったという。そのため、気候の穏やかな関東に出て出稼ぎをしていたというのである。だが、当時の越後は後年ほど農耕に注力しておらず、農民自体の人口も多くはなかったはずである。

それなのに、戦争による出稼ぎは必要だろうか。謙信は「麾下《きか》八千」の兵を常用していた。ときに2万ほどの人数を率いることもあった。これに比して越後の人口はどうだっただろうか。謙信の死去からわずか22年後の慶長5年（1600）、上杉領である越後・佐渡の人口は併せて約42万人、全国第5位と見られている。

こんな大国から8000から2万程度の人数を動員したぐらいで、「口減らし」が成立するだろうか。古代中国の英雄や、遊牧民族が挙行した軍民一体の大移動とはわけが違う[221]。

口減らし論者は、謙信の関東越山が信濃や北陸への出兵と異なり、長期型であるのは、農作物の収穫期を狙ったものだと述べている。だが、みんな薄々気づいていよう。特に言語化されていないが、これはすべて地理的事情に原因がある。関東は広く、各地の領主と連携して小田原や房総まで長路しなければならなかった。短期間で終結するものではない。北陸出兵でも天正5年(1577)の能登から加賀半国まで制圧した際には長期越冬している。謙信の関東越山に法則性が認められるとして、それは「食うための戦争」目的ではなく、「雪中越山」が「身体的にも物資的にも消耗が激し」かったからであり、謙信だけでなく当時の武家社会に「本来冬は兵を休ませる季節であり、軍勢は雪が消えてから動かすもの」という共通認識があったため[222]と考えるべきである。

謙信の評価

そもそも遠征先での常勝が約束され、かつ目的地に収奪可能な資材が豊富にあることが確実でなければ、こんな事業は成立しない。なお甲斐の武田信玄は謙信を「日本無双之名大将」と称賛した[223]。もし謙信が乱取りに依存する不安定な体制で作戦を決する大将だったら、信玄とて軽蔑したはずである。

謙信に批判的な軍記を見ていたら、すぐに気づくことだが、これらは謙信の乱取りを一切記していない。事実なら謙信を糾弾する格好の材料なのにそれがないのだ。謙信が残虐な殺戮と破壊を行なった事実はある。軍記もそこはちゃんと記している。だが、乱取りの描写はどこにもないのだ。

その精神性と残虐性

謙信は必ずしも民衆思いではない。敵の城下を一軒残らず焼き払ったことがあるし、信玄と争うときも「この秋は武田領を根こそぎ焼き払って、我が旗と馬を甲府に立ててやる」と豪語している（永禄9年5月9日付上杉輝虎願文[224]）。軍記の話では、攻め落とした城の男女を皆殺しにしており、生産地の破壊もやっている。

しかしその一方で、越山時に「長尾方」として呼応した現地の武士に破壊と略奪を受けた相模の最勝寺を再興させてもいる。最勝寺は越後から遠い敵国の寺院だが、それでも自分の意図しない被災に対しては復興を助けたのである（最勝寺文書）。

また、領土を逐われた村上義清の旧領奪還を支援したり、大軍で武田領に踏み込んだとき、武田勝頼が少数で現れたので、「健気だ」と見て軍勢を引き上げさせたりすることもあった。

謙信は戦争に独自の美意識があり、それをひとつの判断基準としていた。

関東越山の直前、常陸の佐竹義昭に「依怙の弓箭は携えず、筋目によってのみ戦う」と宣言し、後年も「わたしはこれまで順法の弓矢を守ってきた」と述懐している。私戦の否定と公戦の自認、それが謙信の思想である。謙信の戦争は、かれの中ではすべて公儀のために行なう正しい戦争であって、そのためなら断固たる処置を辞さなかった。謙信の潔癖性と残虐性は、ここに理由がある。だから謙信の越山理由を乱取りに求めてしまうと、虚像を剥ぐどころか、かえってその実体を見誤る恐れがある。

太田道誉は謙信の家臣と語らったとき、「謙信公の御気質を見る限り、10のうち8つは大賢人で、残りのふたつは大悪人である。生まれつき立腹しやすく、道理に合わないこともたくさんしておられる。これが大悪人と言うべきところである。しかし猛勇で私欲がなく、その心は清らか、器量も大きく潔白で正直である。頭がよく家臣の心を察し、慈悲をもって諸士に接し、諫言《かんげん》を素直に聞き入れる。これは大賢人と言っていい。今後こんな名将は現れまい」と評して笑った(225)。

越山を要請したのは現地の諸士

もしこれら根拠のない「出稼ぎ」「口減らし」による「乱取り」「人狩り」を認めるならば、謙信に援軍を要請した現地諸士こそ、民衆の犠牲を代償に生き残りを図った無能者揃いということになる。しかしそうではないだろう。

永禄12年（1569）、謙信は越相同盟を締結して、関東での戦争をやめようとした。これに対して家臣団が不満を抱いたり、民衆が飢死《うえじ》にしたりした事実はない。反対の声を挙げたのは、関東の諸士たちだけだった。

謙信にとって越山とは領土戦や略奪戦ではなく、複合的な情勢から、現地諸士を救援せんとする政治事業だった。そしてそれは上位権力による安全保障と、下位権力による軍役奉仕という互助から生じる必然常識の営為だったのである。

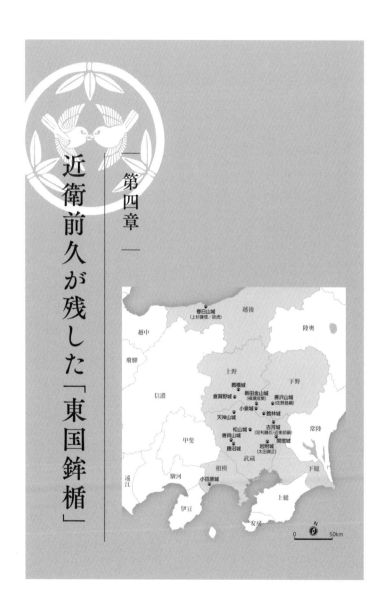

第四章

近衛前久が残した「東国鉾楯」

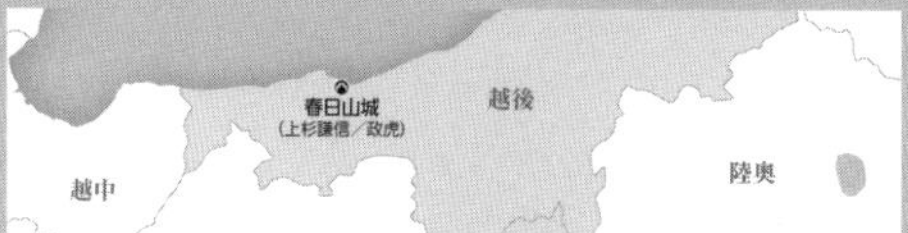

第22節　太田資正という男（前編）――謙信越山の首謀者

まだ続く越相大戦

永禄4年（1561）9月、第四次川中島合戦は終わった。上杉政虎はこの戦いで「八千余りを討ち捕」ったと関白に伝えた。武田信玄も京都清水寺の成就院《じょうじゅいん》に「敵を三千人討ち捕」ったと伝えた。両軍とも甚大な損耗を被りながら、自らの戦勝を強調したのだった。

その間、政虎不在の関東では、北条氏康が軍事行動を重ねていた。氏康は越山した政虎と直接戦闘を回避していたので、死傷者が少なく、奪われた勢力圏を回復する余力もあった。だが、継戦を強いられる民衆の負担は大きかった。

その様子は同年11月22日付の北条家朱印状に顕れている(226)。ここに郷村の百姓が「陣夫」として30疋《ひき》の輸送役に従事させられるのを拒否した事実が並べられているのだ。北条家は、「乱後」に「代官・領主・百姓」たちと「相談」する用意があるので、いまはとりあえず説得するようにと伝えたが、長い北条政権で先例のない強引さであった。もはや関東は〝この地すでに地獄なり〟とでもいうべき様相を呈していた。

政虎も信玄も氏康も、みんな満身創痍《まんしんそうい》だった。それでもかれらの戦いは終わらない。この「関東大破［足利］持氏《もちうじ》以来[227]」と呼ばれる100年来の大乱はまだ始まったばかりだったのである。

川中島から帰国した政虎は、初期戦略を遂行するため、すぐにまた関東に越山することになる。

越相大戦は川中島合戦を挟んでもなお継続されていたのだ。

古河城からの救援要請

落合芳幾『太平記拾遺四十六』より太田三楽齊　東京都立図書館

政虎は北信濃にしばらく留まり、武田軍と小競り合いを続けた。すると会戦直後で信玄の動きが鈍かったらしい。戦闘をやめて春日山城へ帰陣した。しかしひと息つく余裕はなかった。古河城に残っていた関白・近衛前嗣が、「氏康が武蔵の松山城近くに布陣している」との知らせを寄せてきたのだ[228]。前嗣は「火急」の事態なのですぐ「越山」

して欲しいとも述べた。かくして政虎は休む間もなく、越山を再開することにした。

松山城の危機は捨て置けない。

武蔵一国はおろか関東の情勢を一変しかねない事態だからだ。ここは同国の岩附城主・太田資正が受け持つ城である。一城主に過ぎない資正が、大国の国持大名である北条氏康・氏政父子を相手取り、独力でその侵攻を阻止するなど、無理のあるミッションである。しかも松山城だけでなく、ここを中心とする防衛ライン一帯を守らなければならないのだ(229)。

北条氏康の反攻

武蔵では、北条方から上杉方に転属した領主たちがまだ健在であった。氏康にすれば、特に関東上杉家の家臣である勝沼城主の三田綱定《つなさだ》と、天神山《てんじんやま》城主の藤田家は、速やかに攻め下す必要があった。まず8月中に綱定が籠る唐貝山城を攻めて、三田惣領家を滅亡せしめた。ついで翌月、天神山城を攻めて、これも短期間で降伏させた。第四次川中島合戦があったのは9月10日なので、氏康はこの間隙《かんげき》を縫って、武蔵の反抗領主たちを一掃していたことがわかる。

かれらの次は、松山城近辺をターゲットに定めた。この地域を攻めれば太田資正が出てくるに違いない。資正と松山城を生かしておいたら、再び政虎が越山することになる。しかもこの大乱の首謀者である資正のことだ、まだなにか隠し玉を備えている恐れがある。

北条軍は10月5日までに松山城近くへ布陣すると、周辺地を制圧するため軍事活動を活発化させた。すべては資正および松山城の力を削ぐためだった。

太田資正の逆心

氏康にすれば、地政学的な戦略上の問題だけでなく、道義上の問題からも、資正と松山城を攻める理由があった。

もともと太田一族は、扇谷上杉家の家臣である。

その扇谷上杉家は、15年前の砂窪合戦（河越合戦）で、氏康が討ち滅ぼした。資正の身内もたくさん戦死させた。残党と化した資正は抗戦の構えを見せたが、最終的には氏康が擁する古河公方（足利義氏。妻は氏康の娘）に帰服する形で降伏した。

ここから先、氏康は太田家の懐柔に手を尽くした。古河公方の「御相伴衆《ごしょうばんしゅう》」に推挙しようと譲歩することまでした。資正も北条政権の一員らしく輝かしい戦歴を重ねていく。こうして氏康と資正は相互に支え合う関係となっていった。だが資正は、その陰で逆心を企てていた。越後軍を越山させて、北条政権を転覆させようとしたのだ。

これが明らかになったいま、怒りを抑えていられようか。氏康は「［資正と］20年もの密接な関係（北条氏康書状写「廿カ年之契約」）[230]」を結んできたにもかかわらず、資正は自ら政虎の先方となったのだ。北条から上杉に、そしてまた上杉から北条に帰属した人物に成田長泰がいる。しかし資正を長泰のように許すことはできかねる。その首をねじ切ってしまうほか選択肢はなかった。

資正の逆心がいつ芽生えたかは不明だが、かねてから雄飛のときを狙い続けていたのは疑いない。その証跡が、資正に迎え入れられた松山城主・上杉憲勝《のりかつ》である。

扇谷上杉家家臣としての宿願

松山の城主は太田資正ではなく、かれが擁立する扇谷の上杉憲勝だった。と言っても扇谷上杉家は北条軍に滅亡させられていた。憲勝という人物は、資正が奥州から扇谷一族の七沢七郎なる人物を探し出して、慌ただしく擁立したニワカ当主なのだった。その左右には資正の精鋭200騎が近侍させられていた。

関東の管領は、山内と扇谷というふたつの上杉家が独占してきた役職で、単純に家格だけで見るなら上杉政虎と上杉憲勝は一応、同格であった。これを擁するということは、太田資正の発言権を保証するものとなる。また、氏康に滅亡させられた扇谷上杉の縁者を新たに担ぎなおすことは、反北条派のシンボルとして有効であった。これは、還俗させた出雲尼子《あまご》一族のもと僧侶に「尼子勝《かつ》久《ひさ》」と名乗らせ、尼子再興を名目に遺臣を糾合することで、安芸《あき》毛利家の覇道に立ち向かった山中幸盛《ゆきもり》（鹿之助）の方策と同じと考えれば、わかりやすいだろう。

政虎は、永禄2年（1559）から関白・近衛前嗣と意気投合して、いきなり関東越山を計画したのだが、もしこうした動きがなくても資正は憲勝を立てて、独自に挙兵するつもりだったのではないか。その際、新たな関東管領には憲勝が立てられただろう。

しかし史実ではこの翌年、政虎が越山を開始する。資正は政虎の威勢をバックとして、永禄4年（1561）2月、北条軍の領する松山城を制圧するなり、憲勝を城主に迎え入れた（『年代記配合抄』）。この手際のよさから見て、かねてから「いつか来る対決に備えて」、入念に準備を進めていたと考えられる(231)。かの名高い太田道灌《どうかん》の末裔として、その名にし負う策謀と行動の士だった。

さてこの松山城は、もともと扇谷上杉家や太田家ではなく、扇谷家臣・難波田善銀の居城であった。資正の妻は、この善銀の娘である。善銀の娘婿だった資正は「北条から奪ってやった」というより、「北条から取り戻した」という意識でいただろう。松山城の奪還は資正の悲願で、扇谷上杉家の推戴は義父への弔いだった。

資正はこの関東を、新興勢力・北条家のない時代に戻そうと考えていたのだろう。

同年2月、政虎は「関東の首都を鎌倉に戻して、そこに公方と諸士を常駐させたい」という構想を鶴岡八幡宮への願文に著したが、同願文で「自分は関東の歴史に不案内である(232)」と知識不足を告白しており、独力でこのような体制を夢想したとは考えにくい。資正が提案した構想だったのではないだろうか。

資正が反北条を貫いた理由

鎌倉に公方と諸士が常駐する体制を取り戻す――。この構想は北条政権の全面的な否定を意味している。関東の兵権を求めて進出する近衛前嗣と上杉政虎。両人の案内人となり、現地を自分の望み通りに塗り替える。それが資正の大望だったのだ。

なお、ここから何年も繰り返された越相大戦で、関東の諸士たちはそのときのパワーバランスに応じて所属先をコロコロと変えていく。ところが武蔵の資正と安房の里見義堯だけは最後まで反北条派の姿勢を貫いた。これはかれらが信念の人だったからだろうか。

そうではあるまい。ふたりは〝越後から政虎を招き入れた張本人だった〟ので、北条に転属するという選択肢自体がなかった。もちろん自分たちの企てに賛同した仲間たちへの信義を通す一面もあっただろう。だが、「北条家はなにがあっても我らを許すまい」と自覚していたからこそ、その姿勢を変えなかったのである。

氏康の報復と資正の遠謀

ちなみに太田資正と緊密な僧侶・膐芸《ちょううん》は、相模国土屋の天台宗星光山弘宣寺大乗院において、里見義堯と繋がりの深い僧侶・日侃《にちかん》に修学の指導を施したことがある。膐芸は北条氏康を「敵《てき》氏康」と呼び、太田資正を「味方《みかた》太田」と呼んで、資正による武蔵平定を祈願した。こうした宗教ネットワークを交えて現実化されたのが、脊芸のいう「景虎（謙信）越山」だったのだろう。

資正や義堯らが仕掛けた大乱は、政虎を関東管領に就任させるところまで順調だった。だが、小田原北条家を速やかに制圧できなかったことが、かれらの運命を暗転させることになった。

連合軍が仲間割れを起こしたのだ。さらに政虎も信玄と戦うため、越後に帰国することになる。ここに形勢逆転し、資正は窮地に立たされることになった。

このときまで北条軍は自らの死傷者を最小限に抑えていた。これよりその反撃が始まる。大乱に加担した諸士は政虎が関東に戻ってくるまで、自力で抗戦しなければならない。

北条軍が、武蔵の諸領主に制圧と調略を使い分けながら、松山城へ軍勢を進める。氏康としては松山城を直接、強攻するのは避けたかっただろう。城主・上杉憲勝は貴人として推戴されている。貴人を力で押さえ込もうとすれば、必ず強い反発を招くことはこれまでの経験で熟知していた。それよりも近辺の領主たちを震え上がらせ、かれらの転身を狙えば、松山城の自落を期待できる。

太田資正は、こうした氏康の動きをあらかじめ見越していた。ここで謙信越山を首謀した資正の真価が発揮されることになる。

第23節　太田資正という男（後編）──松山合戦の勝利

越山した上杉政虎の動向

武田信玄が西上野に、北条氏康が武蔵松山城に進軍したとの知らせを受けた上杉政虎は、永禄4年（1561）10月半ば過ぎ、関東へ越山を再開する。川中島合戦の翌月のことであった。

関東諸士は北条軍の凄まじい反攻に動揺している。氏康は松山城と睨み合っている間に、別働隊を下野の唐沢山城に近陣させて制圧すれば、西上野に出た信玄とともに、政虎と関東を分断できる。

このためだろう。唐沢山城主・佐野昌綱《まさつな》は離反を疑われ、新たに擁立された古河城の新公方・足利藤氏もまた逃亡を企てている様子であった。松山城と対峙する氏康の姿は、それほど厳然として見えたに違いない。氏康の狙い通りになれば、政虎と関東は分断してしまう。武蔵で守りの要《かなめ》となるのは、太田資正の動きであった。

凄惨たる武州大乱

9月中、資正は北条軍相手に、松山城南東の長瀬（埼玉県入間郡毛呂山町）で合戦した。その後、氏康は長瀬から北東に進み、松山城の南側にある小代《しょうだい》（同県東松山市正代）と高坂《たかさか》館（同市高坂）に布陣する。滞在は100日にも及んだという（『松橋流血脈裏書』）。

氏康は反対派の声を抑えて武蔵へ乱入すると、おもむろに三田家を滅ぼし、藤田家を降伏させたので、かなり熱を入れて侵攻したものと思われる。

太田資正はここで徹底的に抵抗した。

松山城には資正の主君・上杉憲勝がいた。そこで資正は夜襲を仕掛けるなどして、氏康の妨害に奔走した。この長い抗争により、武蔵24郡のうち15郡の家屋や寺社が焼き払われ、永禄11年（1568）まで再興されなかったという。前代未聞の凄惨さであった。氏康は、かつてないほどの怒りようを見せたのである。だが、資正は民衆の生活が脅かされようとも、刀を折るわけにはいかない。ここでかれが奮闘しなければ、政虎たちと組んで一変させた関東の情勢が、すべて虚しいものとなってしまう。

この頃、上野の厩橋城に着陣した政虎は迷っていたようだ。武蔵では松山城の受難があり、かたや下野では佐野昌綱の離反、その先の下総では公方の逃亡が危ぶまれていた。さらに武田信玄が西上野に進出している。どこから手をつけるべきか判断の難しい状況にあったのだ。

陽動作戦だった生山合戦

そこで政虎が出した決断は、こういうものであったらしい。松山城は資正が堅固に守り通してい

る。なのでこれは救援を後回しにしても大丈夫だろう。もっともその攻め手を緩ませる対策は講じなければならない。

同時に急ぐべきは、佐野昌綱の離反防止と、古河公方の逃亡阻止だった。そこで政虎自身は上野に滞在して、東進する武田軍と北進する北条軍を引きつけることにした。それからあとの11月27日、武蔵の児玉郡「生山《なまのやま》」（本庄市児玉町八幡山付近）において北条軍の部隊長たちが「越国衆を追い崩す」という事件が起こる。いわゆる〃生山合戦〃である[233]。これを政虎と氏政の会戦と見る向きもあるが、この翌日に氏政が出した感状群をみると、とても大きな会戦があったとは思えない。

氏政が政虎本隊を打ち崩したのなら、その戦果を「越国衆を追い崩した」ではなく、「政虎を敗北させた」と明確に記したはずである。北条方の軍記でも派手な会戦があったと喧伝したに違いない。北条方の軍記を見ても、せっかくの珍しい勝利を一切書き記していない。また、勢力図も大きく塗り変わっていない。当時の情勢を素直に読み返すと、次の通りになる。

北条氏政の手勢は、生山に旗を掲げて陣取ろうとる敵の部隊を見つけた。指揮官は不明だが極めて少人数だった。しかもこちらを視認して浮き足だっていた。絶好のチャンスと見た氏政の手勢はただちに襲いかかった。隊列を崩壊させ、利根川まで追撃した。

感状群の本文を見ると、「敵一人を打捕り」「傷を数カ所受けた」などとあり、その規模は、集団戦ではなく個人戦の範囲に収まっている。どう見ても会戦ではなくゲリラ戦の戦果である。この小規模戦闘は、政虎が北条軍を釣る陽動作戦だった。

言うなれば松山城への攻撃を緩ませる戦力分散策で、あわよくば北条氏政本人の目をこちらに向けさせ、川中島以来の一大決戦に巻き込むつもりだったのだろう。信玄相手に果たせなかった総大将討ち取りも、こちらの戦法をまだよく知らない北条軍が相手なら可能かもしれないと思ったのだ。だが北条軍の動きは慎重だった。

12月9日、政虎は古河公方のもとにいる家臣に宛てて書状を記す。「近衛前嗣さまのためならば仕方がない。信玄と氏康の手の者がこちらに近づいているが、これを打ち負かしたら、明日にも佐野昌綱のもとへ出馬して、そのあと古河公方にお会いしたい」という主旨のことを述べている[234]。

その後の戦局は、政虎の見立て通りに動いたようだ。昌綱は離反せず、古河公方・足利藤氏も古河に留まった。

さて、松山城はどうなったのか？

戦いの勝者・太田資正

ここまで資正は政虎と合流することなく、ほぼ独力で主君の松山城と自身の岩附城を守り通していた。北条軍は、武蔵で抵抗を続ける高松城《たかまつ》（埼玉県秩父郡皆野町）を威迫して降伏させたあと、上野で武田軍とともに倉賀野城《くらがの》（群馬県高崎市倉賀野町）を攻めたが、こちらは陥落させられなかったようだ。やがて北条軍は松山城から引き上げていく。

松山城はその防戦に勝利したのだ。ここに資正と政虎は、関東での勢力圏縮小を軽減することができた。特に資正は、総力を挙げる北条軍相手に勝利したわけだから、功績絶大と言えよう。

その勝因はいくつもあろうが、よく語られるのは、日本初の軍犬（軍用犬ともいう）活用である。尋常ならざる犬好きの資正は、岩附で１００匹（異説に「五疋《ひき》」）の軍犬を飼育していた。

うち半数は岩附に、また半数は松山に置いた。あるとき資正はこれらの犬の居場所を入れ替えた。そして松山に戦乱の兆しが生じたとき、松山と岩附の連絡路が断たれ、騎乗の侍を数名ばかり遣わすことすら危うくなった。小隊を組ませて派遣する戦力の余裕もない。さりとて民間の飛脚では不安である。そこで資正の指令を受けていた岩附衆50騎が、50匹（または5匹）の犬に密書を装着させてこれを放った。犬は2時間前後で岩附に着いたという。

このおかげで資正は、周囲へ迅速に救援依頼を発することができた。10月5日に下総の古河城にいた近衛前嗣が、越後の政虎へ松山城の危機を伝えて援軍を要請したが、資正からの連絡を受けてのものだろう。松山城の憲勝は資正の助けを信じて勇戦した。その間に資正が北条軍にゲリラ戦を仕掛けつつ、政虎の越山を要請した。政虎たちは北条軍に戦力分散を強いた。松山城の防戦勝利は、これら複合的な勝因があったのだろう。

この戦いはこれという決定的勝因を特定しがたいが、それでも資正なくして松山城は守り通せなかっただろう。勝者は太田資正だった(235)。

このように永禄4年(1561)の関東甲信越は、越後勢の関東越山、関白・近衛前嗣(前久)の下向、小田原城攻囲、さらに関東管領・上杉政虎の誕生、太田資正の扇谷上杉家再興、第四次川中島合戦があり、そして松山合戦があった。現地にとってとても長い一年だっただろう。この年末、政虎は関東で京都の足利義輝から偏諱を賜り、輝虎に改名した。

上杉輝虎は関東で年を越す。

第24節　横瀬成繁という男――公方の逃亡を阻止せよ

古河城に残っていた貴人たち

永禄4年（1561）冬、関東管領名代職の上杉政虎が越後から関東に戻ってきた。帰陣した理由は、関白・近衛前久からの10月5日付書状で、武蔵松山城の危難を急報されたことにある。前久は関東の下総古河城にいた。同城には古河公方・足利藤氏と、前関東管領《さきのかんとうかんれい》・上杉憲政が残り、護衛役として政虎家臣の長尾満景《みつかげ》が置かれていた。

関東公方の戸惑い

ところでこの頃、古河城で重大な騒動があったらしい。同月15日、前久が公方の宿老である下総の関宿城主・簗田晴助に対して「古河城に関して、おかしな噂が流れているとの注進《ちゅうしん》を受け、事情を理解しました。今夜は堅く用心するべきです。明日には［公方の御前に］参上してください」と伝える書状があるのだ(236)。ただし騒動の具体的内容については言及がない。ではなにがあったのか。それはこのあとの政虎と前久の言動から浮かび上がらせてみよう。

政虎不在の関東で

前述したように政虎不在の関東で、北条軍が反攻を開始した。その進撃は凄まじく、上杉陣営の諸士はほとんど抗する術がなかった。このままでは各個撃破され、滅亡の憂き目に遭わされる。

そうしたなか、下野の唐沢山城主・佐野昌綱に離反の疑いが生じた。上杉から北条に寝返るというのだ。これが事実とすれば、昌綱は松山城を攻める北条軍と、連携しようとするだろう。昌綱から見て、西にある上野は、政虎が着陣して、手出しできない。だが、南の下総は手薄である。すると、南進して古河城を攻撃するのが最良だ。北条軍の支援になるし、公方・足利藤氏を生け捕れたら、いい手土産にもなる。

これで藤氏は大きな不安にかられたらしい。イエスマンの側近たちも「ならば、早く逃げましょう」と同調したようだ。

このときのかれらの拠点に思いを巡らせてみよう。古河城と関宿城はかなり近く、徒歩でも半日とかからない。その古河城と昌綱の唐沢山城も、たった1日で移動できる位置にある。昌綱がその気になれば、いつでも公方を攻められるのだ。いっぽう関宿城は、徒歩にして半日足らずのレベルだが、古河城よりわずかだけ遠くにある。

ならば、関宿城にいる方がまだ安全だ。そこで公方は、関宿城の簗田晴助のもとへ使者を派遣して「いまからでもそちらに動座したいのだが……」と打診したと思われる。晴助は「それはさすがにまずい」と思っても、反論したり阻止したりする余裕がない。

なぜ、まずいのか。古河城に近衛前久と上杉憲政がいるからである。もし公方がかれらと離れ離れになって単独行動を採り始めたら、上杉陣営にさらなる動揺を生むであろう。さりとて昌綱が離反する噂だけで、前久と憲政まで動座させるわけにもいかない。もし離反が事実無根の虚報で、その事実がなかったとしたら、それこそ疑心暗鬼の種を振り撒くことになってしまう。そこで晴助は、前久に使いを送り、公方の古河退去を抑止するよう頼んだのだった。

公方の翻意に奔走する人々

悩んだ前久は、近在の領主である上野金山《かなやま》城主・横瀬成繁に助けを求めた。

ここで成繁の経歴を見てみよう。金山はもともと名族岩松《いわまつ》家の居城である。それを重臣の成繁が奪い、自らのものとした。典型的な下克上である。やがて成繁は上杉陣営に属し、所領を保持した。そこで武田信玄や北条氏政らと争い、その後は政虎と決別して、上杉軍とも争った。関東でも屈指の転身ぶりである。このため、成繁はなりふり構わない変節漢のように評されることが多い。

だがその立ち回りは、おのれの保身を第一としていたようには見えない。どれもその状況で差し迫った苦境に対して、最善の道を模索し、強気の姿勢で挑んだがための結果だろう。信玄や氏政や政虎と敵対して、退かない覚悟は並大抵のものではない。

成繁没後、北条軍に金山城を囲まれたとき、未亡人は籠城戦の指揮を執って、その防衛に成功した。嫡男の国繁《くにしげ》も豊臣軍の侵攻に直面したとき、容易に屈することなく、地方武士らしい意地を示した。

そして関白の前久には、英雄を見抜く天性の眼力がある。その才気と気骨、および野心に満ちた横瀬成繁の人柄をよく観察して、取り立てたのだろう。前久から上杉陣営の危機を伝えられた成繁は、無類の忠臣ぶりを発揮した。公方に意見するため、古河城まで馳せ参じた。

横瀬成繁の尽力

古河城に入った成繁は、公方の側近たちを相手取り、激しく議論した。しかも成繁は「公方さまは我らがお守りする」という姿勢を見せる軍勢を連れていた。

政虎は上野で武田軍および北条軍への対応に追われていたが、12月9日頃ようやく事態が改善された。政虎は簗田晴助に次のような書状を送った(237)。

「関白さまからのお話はやりきれないことに思う。そちらの防備はこれ以上、不足がないようにされたい」

この書状から、古河城に横瀬成繁が馳せ参じたことで、その防備が落ち着いた様子が読み取れる。政虎はさらに述べた。

「公方さまが自身の御進退について、簗田晴助の考え通りになさるよう、側近の方々へ何度も強く申し上げること。都合がついたら、明日にでも佐野昌綱の唐沢山城へ出馬する。その上で、公方さまに拝謁を願うつもりである」

やがて政虎は昌綱を攻めて降伏させると、人質を取って、簗田晴助へ預けた。その後、政虎と公方の対面が無事に果たされた。

その証拠となるのは、前久が成繁へ書き送った12月15日付の書状である(238)。ここで前久は「この城のことは誠に苦労」ばかりであるが、成繁が強く「言上《ごんじょう》申し上げた」様子は、「無二の忠信」ぶりであったと、その勇気を労っている。眼前の問題が落着したことで、感謝の言葉をかけられるようになったわけである。かくして公方の退去は、近衛前久と簗田晴助、ならびに横瀬成繁の尽力によってなんとか阻止されたのだった。

近衛前久の憂鬱

これら一連の動きから、近衛前久や簗田晴助らが足利藤氏——というより側近たちか——の臆病ぶりにかなり手を焼いていた様子をうかがえる。政虎もまた呆れる思いでいただろう。ただ、それにしても前久の心理はどうであっただろうか。前久は政虎以上に、「やりきれない」と思っていたであろう。

そもそも前久は摂家将軍に相応する兵権を得るため、関東まで下向してきたのである。そこで政虎の補佐のもと、関東の大軍を指揮する身になり、威風堂々と軍事上洛を挙行して、畿内の政局を改めることを大望としていた。

しかしこの大望は、些細なことから崩れ始めた。北条氏康の傀儡同然だった前公方の足利義氏を古河城から追い払ったあと、公方宿老だった簗田晴助が「新しい公方には、足利藤氏さまが就任すべきだ」と譲らなかった。結果、藤氏が新公方に就任することとなった。それでいま、自分はその世話に奔走することになっている。とりあえず、かれらを統御しておけば、兵権を掌握する可能性はわずかながらもないことはない。

ところが北条・武田の抵抗は予想以上に強力で、望みは極めて薄い状況にあった。同志と見た政虎とは、かつて「進むも退くも少弼（謙信）と一心同体となり、心変わりすることはしない」と血書の起請文を交わして誓いを立てた仲だが、なぜ人臣最高位にあるはずのこの関白さまが、「京都無念なる条々」を改めるため、その命を賭けてまで地方公方やその管領を補佐させられているのだろうかと、首を傾げる思いでいただろう。

まもなく下向先の関東で、2度目の新年を迎えることになる。関白の心は揺れていた。

第25節　佐野昌綱救出作戦

唐沢山城の伝説

さてこの節ではある伝説について触れ直すことにしよう。

それは謙信が、味方の唐沢山城（旧名・佐野城。栃木県佐野市富士町）を救うため、少人数で駆けつけたという有名な逸話である。

下野の唐沢山城の城主である佐野家は代々にわたり、古河公方に仕えてきたが、足利晴氏が北条家に屈服すると、関東の諸大名がそうしたように、佐野家もまた北条家に属することとなった。

そこへ上杉謙信が関東に進軍すると、城主・佐野昌綱はだれよりも先んじて越後方に属する決断をした。転身の素早さは下野筆頭であろう。

さて、ここから昭和や平成のころ有名になった上杉謙信の〝敵中突破〟伝説を紹介していきたい。

現在一般に知られる〝敵中突破〟伝説

その後（逸話では永禄2年または3年とされることが多い）、北条氏政が3万5000の大軍を率いて、唐沢山城を攻囲した。

すると謙信は佐野家救援のため、麾下1万3000の軍勢を率いて、越山を開始した。味方の佐野家を見捨てるわけにはいかない。焦る謙信は城の近くに迫ると、わずか20余騎の手勢を連れて、その様子を見るため現場に急いだ。するとそこには物凄い大軍が孤城《こじょう》を取り囲んでいた。籠城する諸士の気持ちを思えば一刻の猶予もならない。昌綱を案じた謙信は、馬腹を蹴った——。

敵中突破の伝説

氏政は余裕の陣構えであった。

唐沢山城（栃木県佐野市）

昌綱に迎撃する力などない。それでも降伏もしないのは、家督を継いで間もない当主なので、家中の意見をまとめられなかったのだろう。哀れなことだ。

救援のため、越後からやってくる痴れ者も、その人数は関東を席巻する北条軍に及ぶはずもない。城中の者が謙信の人数を見れば、肩を落とすことだろう。

このように、氏政が勝利を確信してい

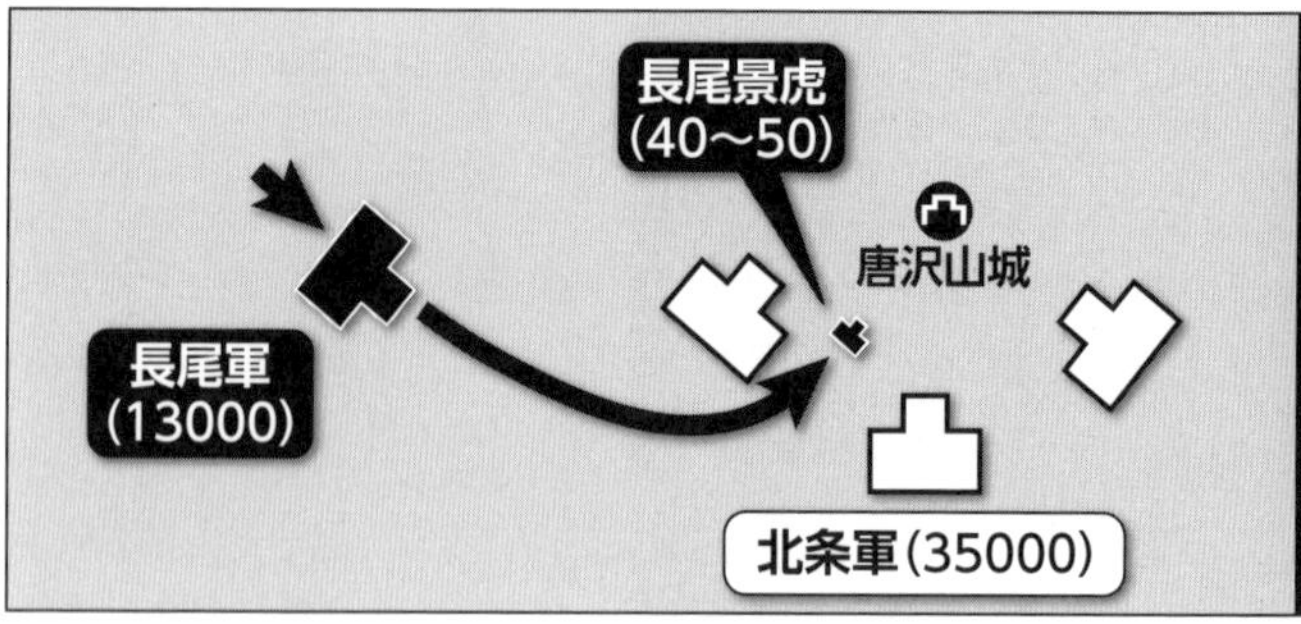

俗説によるイメージ

たところ、何者かの姿が見えた。その数わずかに20余騎——。歩兵を含めても4、50人程度であった。その先頭には『無』の旗が掲げられている。知る人ぞ知る謙信の戦旗だ。これが一文字に突き進んできた。

咄嗟のことで雑兵たちも動けなかった。敵か味方の判断がつかず、越後兵から距離を置いてしまったのだ。氏政の命令がかれらに届くより前に、謙信隊は、3万5000の北条軍を突破して、難なく唐沢山城へと入り込んだ。城内から凱歌が上がる。

北条軍の部将は「まさに夜叉羅刹《やしゃらせつ》とはこの事なるべし」と声を漏らした。指揮系統の裏を突いた見事な〝敵中突破〟策に、舌を巻いたのである。

敵中突破伝説の真偽

以上が、謙信の唐沢山城にまつわる武功伝説のひとつである。

この話は小説やゲームだけでなく、ノンフィクションの読み物でもよく紹介されていて、歴史愛好家たちの血をたぎらせている。

ただ、わたしはこの〝敵中突破〟伝説を、史実とは思っていない。なぜならこの伝説は、昭和または平成に史料の誤読で広められたものだからだ。

それを証明するため、まずは明治時代の『名将言行録』を見てみよう。長文なので意訳する。

〝永禄2年（1559）2月、北条氏政が兵3万をもって佐野昌綱の栃木城（唐沢山城の誤り）を攻囲した。謙信は兵8000を引き連れて救援に現れた。城が危ういと聞いた謙信は「我が軍は我に劣らぬ侍大将が多いので安心だ。それより佐野の城が心配である。まず我だけで城へ入り、力添えしてくれよう」と鎧も着けず、黒い木綿《もめん》の胴服《どうふく》だけで十文字の槍を手に、わずか23騎のみを引率すると、氏政の陣前で馬を静々《しずしず》歩ませて通り過ぎた。そして城の中に入り込んだ。北条軍は「夜叉羅刹とは、これなるべし」と恐れて、近づく者すらいなかった。氏政は囲みを解いて撤収した。やがて謙信は門を開いて追撃したが、氏政は一度も応戦しなかった〟

はじめに断っておくと、永禄2年（1559）2月に謙信は関東へ出ていない。

もし謙信が唐沢山に駆け入る事件があったとして、こんな状況が起こり得るのは翌3年か今回描く4年のころだと思うが、ここでは年次の比定を問わず、事件の内容のみを突いていこう。

さて早速だが、明治期の認識と、昭和・平成の〝敵中突破〟伝説のなにが異なるか、すでに気づいた方もおられると思う。早速その答え合わせをしてみよう。先ほどの意訳を読み返して貰えればわかるのだが、謙信は〝敵中突破〟などしていないのである。

しかも謙信は「氏政の陣前で馬を静々歩ませて通り過ぎた」とある。謙信の一隊は城までゆっくりテクテクと歩いて進んだわけである。するとイメージは根本から異なってくるだろう。

なお、『名将言行録』は過去の軍記に取材して人物の逸話を抽出し、網羅的に紹介する本である。この逸話は、有名な軍記『関八州古戦録』に記されているほか、佐野氏の系図などにも掲載されており、徳川時代にはかなり有名だったようだ。初出史料は、近世初期の武田方軍記『甲陽軍鑑末書』[下巻之上]と思われる。

これらの文献を比較検討してみると、その人数や説明文に差異はあるものの、謙信が静かに馬を歩かせて入城した記述が一致していて、〝敵中突破〟したと読める描写はまったくない。つまり〝敵中突破〟伝説は、現代人のだれかが史料を誤読したか記憶違いなどで、誇張されたエピソードだということがわかる。

この逸話を〝敵中突破〟伝説に仕立ててしまった人に謙信を美化したいとかそういう意図は別になかっただろう。有名な逸話や伝説にはこういう意図せざる意識の齟齬《そご》により、面白おかしく変化することがある。

ここで謙信がわずかな手勢で「静々」と城内に入ったという事件はどこまで信憑性があるのか気になった読者もおられよう。続いてそのリアルを追求して、謙信と氏政と昌綱の心理を推察することにしてみたい。

関東の分かれ目

この逸話を永禄3年（1560）とする見方が強く、かつてわたしもそのように考えていたが、実際に北条軍が唐沢山城まで近陣して、去就に迷いながらも上杉陣営としての立場を通す状況は、永禄4年（1561）の10月ぐらいであろうから、こちらの時期で考え直してみたい。

そのころ、佐野昌綱は去就に迷っていた。

北条軍と上杉軍が争いを続けており、謙信は川中島で少なくない諸士を失っている。北条軍は痛手こそ受けていないが、謙信と対決する意思が薄く、どこまで頼りにできるかわからない。

そんな折、北条軍は松山城を攻めながら、こちらに別働隊を向かわせていた。佐野家を北条陣営に引き込むのが狙いだろう。さて、この状況にあの逸話はどう入り込めるのか。

注目すべきは唐沢山城の縄張りである。実際に現地を歩いたことのある人はおわかりだろう。この地はなかなかの巨城で、3万程度の軍勢で完全包囲することなど不可能である。それに城門付近（大手口）は、大軍を展開できるほど広くないのだ。北条家の狙いが攻撃ではなく、降誘にあった

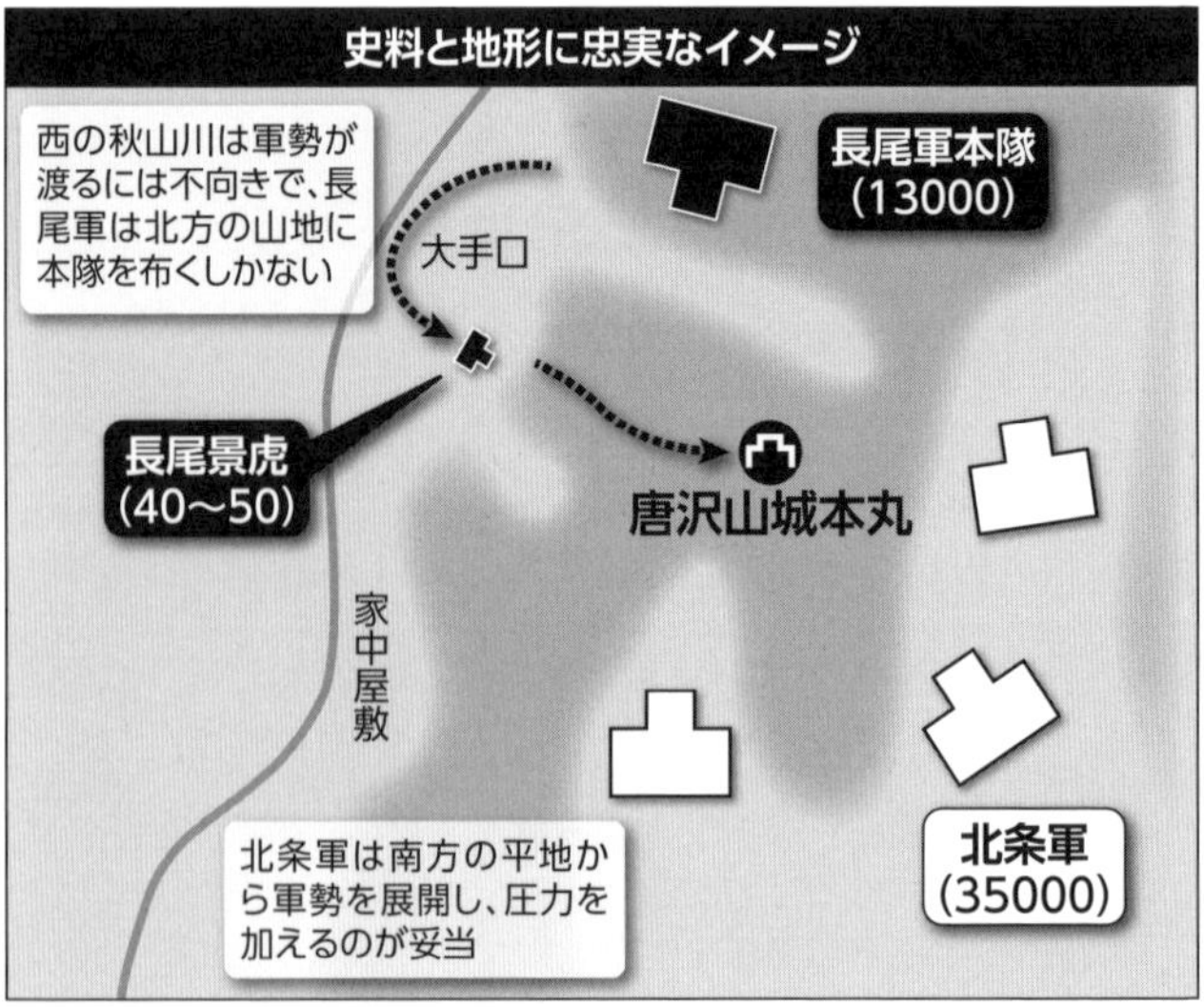
史料と地形に忠実なイメージ
西の秋山川は軍勢が渡るには不向きで、長尾軍は北方の山地に本隊を布くしかない
長尾軍本隊
(13000)
大手口
長尾景虎
(40〜50)
唐沢山城本丸
家中屋敷
北条軍は南方の平地から軍勢を展開し、圧力を加えるのが妥当
北条軍
(35000)

とすれば、城から飛び道具も届かないぐらいの安全地帯に布陣して、寝泊りしていれば十分だった。こうした緩い攻囲が当時の城攻めのセオリーだった。もし昌綱が「いやいや、我らははじめから一貫して北条派です」と友好姿勢を見せてきたら、すぐさま人質を取り、謙信迎撃の先手に向かわせるだけである。

そこへ謙信は現れた。その数20余騎。どうみても合戦する人数ではない。無防備と言っていい。城から距離を置く北条軍から攻められる心配はないにしても、城内から佐野軍が強襲してきたら、命を取られるかもしれない。だが、謙信はそんなことお構いなく、馬を悠々進ませた。城門まで到達するとこれを開かせ、城内へと罷り通った。

一部始終を見ていた北条軍は作戦の失敗を悟

り、早々に撤退した。昌綱は上杉派の立場を通すことが確定してしまったためである。

昌綱の心を奪った輝虎

この逸話の本質は、謙信が北条の大軍を恐れなかったということにはなく、味方にしたい昌綱の矜持を信じて、無防備な姿でその胸中に飛び込み、その離反を防いだことにある。

この逸話が史実かどうかを確認することは難しい。しかし、謙信の性格をよく表す逸話であることは間違いなく、史実の謙信はこういうことを平然とやってのける人物だという定評があればこそ、定着したものと見ていいだろう。

いざとなれば、我が身をもって信義を示し、相手の心意気を摑み取る。こうした命懸けの決断力は、豊臣秀吉が丸腰同然で敵の陣営に入って交渉事を進めたという故事にも通じる(239)。

前年、謙信は成田長泰に背かれて、信用の不足と求心力の低下を実感させられていた。いざというとき、然るべき器量を明確に示さなければ、一度落ちた名声は取り戻せない。〝佐野離反の恐れあり〟というピンチに遭遇したとき、関東の目と耳がこちらを向いていると謙信は察したことであろう。それは、おのれの覚悟を見てもらう、またとない機会でもあった。自分には、信玄本陣に馬を乗り入れても怪我ひとつ負わなかった武運がある。

そうした思いが、謙信をしてこの戦に踏み切らせたのではないだろうか。

第26節　「謙信越山」の理由

翌年も繰り返された佐野昌綱の抵抗

永禄4年（1561）から5年（1562）にかけて、上杉輝虎は関東で越年した。正月になると、武田信玄の軍勢が西上野から接近してきた。輝虎はこれを安中の地で迎撃。そして翌月には北条陣営の同国館林《たちばやし》城を、同国の金山城主・横瀬成繁や小泉城主・富岡重朝らと共に攻めて、城主の赤井文六《ぶんろく》を降伏させた。まだ少年だった文六は「なかなかあわれなる様体」で武蔵忍城へと逃亡したという。

上野を安定化させた輝虎は東へ出馬する。少し前、上杉陣営に降参した下野の唐沢山城主・佐野昌綱が、下総の関宿城主・簗田晴助のもとに預けていた人質を取り返し、またもや離反の姿勢を明らかにしたからである。しかし今度は昌綱の備えも固く、頑強に抵抗されたため、輝虎は苦戦した。

さらに北条の援軍が北上していた。昌綱が輝虎を引き受けている間に、下総の古河城と関宿城を攻めるつもりでいるようだった。そこには関白・近衛前久と古河公方・足利藤氏と前関東管領・上杉憲政がいた。かれらを生け捕りにされたら、上杉陣営はおしまいである。

古河城の危機ふたたび

前述のように古河城は、前年冬にも似た窮地に追いやられたことがある。藤氏が単独での逃亡を企てて大変な騒ぎになったのだ。このとき輝虎は、周囲がこれを抑止している間に、唐沢山城を制圧して、最悪の事態を免れた。だが今回の唐沢山城は手堅かった。もし藤氏が「まだ佐野を降参させられないだと？　北条軍がこちらに迫っているのに、予の身が危なくなるではないか」と主張したら、抗弁できない有り様だった。

これで公方が逃亡したら、輝虎らが関東に築いた新体制は、一気に瓦解する。前久も憲政も関東での求心力はほとんどないからだ。輝虎は管領代の職を得たとはいえ、関東の外側である越後から援軍に駆けつけた他所者に過ぎない。それに、前久も公方の世話を焼くのに疲れていた。前久・藤氏・憲政の関係は必ずしも良好ではなかった。

こうした状況を鑑みれば、輝虎と前久・憲政らは「もはや公方を説得するのは難しい」と判断せざるを得なかっただろう。輝虎は3月上旬に前久と憲政を陣中へ迎え入れると、そのまま上野の厩橋城へ帰陣した。そして4月1日までに越後への帰国を開始した。

輝虎退陣の衝撃

輝虎の退陣を聞いた北条氏康の次男・氏照《うじてる》は、佐野昌綱の弟（房綱）に「近衛殿が厩橋城へ引き取られたそうだが、その理由を知りたい(240)」と尋ねた。昌綱が居城の防衛に成功したからと言って、輝虎があっさり古河城を見放すのが解せなかったのだろう。

原因は関白と公方の確執にあった。人臣最高位にあるはずの前久にすれば、たかだか地方のニワカ公方である藤氏に振り回されるなど、割りに合わない。そんな現状を憂えた前久は、輝虎に「もう越後に帰らせてくれ。藤氏のことなんかもう知らない」と訴えたのだろう。越相大戦は、ここで中途半端な結末を迎えた。

もしこの争乱に勝者がいるとすれば、滅亡寸前から立ち直った里見義堯、自主独立を保った佐野昌綱、そして主家の扇谷上杉家を復活させた太田資正らであろう。上杉・北条・武田は、かれらに晴れ舞台を用意しただけの敗者も同然であった。

関白の帰京

輝虎に保護された近衛前久と上杉憲政は、無事に越後へ帰り着いた。戦線はまだ回復していないが、これ以上の関東在陣は困難と言わざるを得なかった。

再起を図るには、準備期間が必要である。ところがここに、想定外の事件が勃発した。関白が「帰京したい」と言い始めたのだ。古河城で公方の世話焼きに苦労したことで、ストレスが限界に達したようである。輝虎は再考するよう説得したが、越中で異変があり、ひとまず越後を離れることになった。

7月に越中へ出馬した輝虎は、その3カ月後、挙兵した神保長職を降伏させた。

この間のことである。8月2日、越後から帰京した前久は、禁裏《きんり》に参内《さんだい》した（『御湯殿上日記』）。なんと、輝虎の越中出征中に、すべてを投げ出し、逃げてしまったのである。「輝虎の反対を翻《ひるがえ》させるのは無理だ」と判断して、無断で帰ったのだ。

輝虎の越山は、前久のために行なった。越相大戦はまだ継続中である。なのにここで、その主体であるはずの関白が、梯子《はしご》を外したのだ。

近衛前久、最後の挨拶

関白と共に関東の兵権を掌握して、戦国の争乱を終わらせる。それが永禄2年（1559）にふたりが結んだ密約の方針だった。あれから3年、輝虎は関東に越山して、猛然と動き回り、敵味方に無数の死傷者を出した。信濃では武田軍と未曾有の大会戦を展開した。

それが関白の帰京で、すべて徒労に変じさせられたわけである。

永禄5年（1562）8月11日、前久は輝虎の重臣たちに宛てて書状を送った。ただ、正式の使者ではなく、民間の業者を使って送り届けさせた。礼を失する非常識な音信だった。

「帰京してすぐにも御礼の使者を遣わしたかったのですが、とてもそれどころではなく、思い通りにできませんでした。しかしあまり遅くなってはと思って、この手紙を飛脚《ひきゃく》に託すことにしました。在国中は親切にしてくださり、心から喜んでいます。輝虎にはこのことをよろしくお伝えください。また改めてご挨拶いたします。これからも仲良くしてくださいね(241)」

だが、輝虎はこれに返信しなかった。

翌年の永禄6年(1563)3月26日、前久はその「改めてのご挨拶」となる長文の手紙を送った。その内容を意訳しよう(242)。

「かなり疎遠になりましたが、在国中はお世話になりました。あれこれ親切にしてもらったことは少しも忘れていません。帰京するとき、輝虎から強く引き留められましたが、こちらの都合で逗留できなくなり、こんな形で帰京したので、(輝虎が)腹を立てたのも、ごもっともと思います。申し訳ありません。しかし、これからも仲良くしたいです。皆さん、どうかよろしくお伝えください。あのときはわたしも若輩で、短慮に振る舞ってしまいました。なにとぞ許してもらい、これからも親密でいてくれるよう強くお願いしたいです。上ッ面だけでなく、本心から何度もお願いするつもりでいます。輝虎にも私信を送りました。よろしくお願い申し上げます」

最後に記されている輝虎への「私信(内状)」とやらは破り捨てられたのか、現存していない。これがふたりの最後のやり取りになった。輝虎は、関白を見限ったのだ。

最後に、関白が関東へ残したものがなにか、振り返ってみよう。

残された無尽の火種「東国鉾楯無際限」

関白が関東に残したもの。それは、北条勢力圏内における「平和領域」の破壊、それに伴って輝虎が焼き払った小田原城下の呻吟《しんぎん》、太田資正と北条軍の「武州大乱」によって7年も復興不可となった武蔵の戦禍《せんか》、各地で頻繁し始める諸士たちの紛争――。

さらに輝虎にすれば、この大戦さえなければ交戦する予定のなかった武田・北条連合との抗争とそこから生じた確執。一時的な方便として「管領代」を名乗ったがために、延々と救援を依頼されることになる職責――。

関白の東国下向は、現地に大きな混乱と悲鳴をもたらし、さらにそこから尽きることのない闘争の火種を残したのだったのだ。輝虎は関白が去ったあとの状況を「東国鉾楯《ほこたて》際限なき事(243)」と呼んだ。ここから輝虎は毎年のごとく関東に越山し、烈戦を繰り広げることになる。その戦いは、営利目的で行なったものではない。もちろん、この地を統治する意思があるわけでもなかった。

ここに終わりなき戦場が広がった。

あるときは諸士を助け、またあるときはかれらを討ち、現地から「山内殿」「御屋形さま」と低姿勢に請われて、そのパワーゲームに乗せられた。それがその後の「謙信越山」だった。すべては関白の気まぐれに乗り、関東諸士を利用して、巨大な兵権を握ろうとした理想の〝負債〟であった。その代償は関白以外の身命で埋められていく。

主体不明と化した「謙信越山」

関白が去ったあと、戦争が戦争を呼ぶという主体なき様相を呈した「謙信越山」の正体を明らかにするのが、本書の密かな目的であった。

輝虎の夢と、関白の野望、そして関東諸士の私的な都合、これらが誘爆的に結びついて生じた大乱がこれまでの〃第一次〃越相大戦だった。

それぞれの思惑は、その後の上杉軍と北条軍と現地の諸士を見比べると、一目瞭然である。上杉軍はなんら報酬がましい見返りを求めることなく、三国峠を何度も踏み越え、遠征を繰り返した。これを「弱者を救う義戦」と称える声は高いが、輝虎とてそこまで酔狂ではない。また、これと争った北条家の戦いを「四公六民」で養った百姓土民を守るためと見る向きもあるが、この税率は史料的根拠のないフィクションである。

では両雄争覇の動機はどこにあったのか。どちらにも関東への領土欲や支配欲は看取《かんしゅ》できない。つまり侵略者としての側面は薄い。ただ、大将たる者には自分を仰ぎ見る諸士を保護する責任があった。かれらには、諸士を見捨てる選択肢などない。輝虎は現地の諸士が救援を求めるから、越山を繰り返した。北条家はその脅威を斥けるため、粘り強く立ち向かった。

この大戦のみならず、その後の情勢を見てわかることは、戦国の関東を統治する覚悟を持っていた大名が北条家だけだったことである。北条政権は、これに抗する武士や民衆がいようとも、勢力圏内の武家秩序と民衆生活を保証するべく努めた。氏康は輝虎の義勇に、輝虎も氏康の誠実さに胸襟《きょうきん》を開き、やがて和議を模索するようになっていく。

永禄12年（1569）、上杉と北条は手を結ぶことになった。「越相同盟《えっそうどうめい》」の締結である。ここに輝虎は氏康の七男・三郎を自らの養子に迎え入れた。上杉三郎景虎である。太田資正ら上杉陣営の諸士はこれに激しく憤った。

だが輝虎はもとより関東の人ではなく、北条家に対して特別の遺恨もない。それでも9年間、大戦の共犯的代償とばかりに、関東諸士のため戦い続けてきたのだ。あとは現地に任せてもいいと思ったのだろう。関白とは決別したが、若き日に夢見た天下静謐の初心に戻り、進路を上洛へ取り直すべきである。

輝虎が「不識《ふしき》（＝知らず）」の庵号を称し、「謙信」の法号を得たのは同盟締結後、翌年のことであった。

《番外編・伍》「敵に塩を送る」の史実性

「塩送り」の〝逸話〟と、「敵に塩を送る」の〝古語〟

皆さん「敵に塩を送る」の古語はご存知だろう。

念のため簡単に説明すると、海に面していない甲斐の武田信玄に対し、周辺大名が塩の輸出を停止して、かれらはその宿敵である越後方にも声をかけた。だが、越後の上杉謙信はこれに与することなく、武田領へ塩を送った。そういう逸話に因む古語である。

ただし、この古語に対して「戦国大名が敵国に無償で塩を送るなど、あり得ないのでは」と疑問に思う人が多い。わたしもこれに同意するが、「だからこの逸話は史実ではない」と言う声や「事実は逆で、謙信はこの機に乗じて高値で売りつけたのだ」という声には、「NO」と首を横に振っている。これらは逸話の中身を確かめず、言葉への印象だけで雑感を述べているに過ぎないからだ。

答えは、逸話の出典史料を探ってみると、意外なほどあっさりと書かれてある。

そこで今回は、古語のもとになった逸話の起源を見るとともに、史実との照らし合わせを行なって、その真偽を探っていこう。

無償で送ったり高値で売ったりしていない

この古語は、徳川時代初期から幕末まで、諺《ことわざ》として使われた形跡がなく、明治から昭和の時代に定着したもののようである。近現代にかけて発刊された書籍に、道徳的美談を並べることが増え、そこで訓話の見出しとして「敵に塩を送る」の語が頻用《ひんよう》された(244)。こうして塩送りの〝逸話〟は、〝古語〟に変換されたのだ。

ここで古語の「敵に塩を送る」と逸話の「塩送り」を別のものとして見ていこう。

塩送りの逸話は、徳川時代の近世から明治昭和の近現代まで、どれも一貫して次の内容のようにされている。

「今川氏真《うじまさ》と北条氏康が、武田信玄へ塩の輸出を禁止した。武田領の甲斐・信濃・上野の民衆は、これでとても困窮した。事態を聞いた謙信は、長年の宿敵である信玄に『わたしは弓矢で戦うことこそ本分だと思うので、塩留めには参加しない。だから、いくらでも越後から輸入するといい。決して高値にしないよう商人にも厳命しておく』と手紙を送った。これを聞いた信玄とその重臣たちは『味方に欲しい大将よ』と感嘆した(245)」

一読してわかるように、謙信は無償で塩を大量に送ってはいないのだ。また逆に高値で売りつけたりもしてもいない。それどころか、定価を厳守させるとも伝えている。そして、この決して値段を変えさせないという謙信のスタンスは、どの編纂史料でも一致している。

これで、近年言われる「無償で送った」というリアリティのない評価も、「謙信は実は荒稼ぎをした」という異論も間違っていることがわかるだろう。これは古語からの印象論で、もとの逸話だと謙信は、塩の値上げを禁止しているのだ。

徳川時代の塩送り文献

この逸話が史実かどうかを探るため、その出どころを追ってみよう。もしも初出文献が、講談や小説などの作り話だったら、それは史実ではないことになる。

まず安心してほしい。この逸話は物語ではなく史書に伝えられてきたものである。

徳川時代の文献を辿っていくと、民間に読まれていた軍記でもっとも古いものに、享保《きょうほう》5年（1720）に成立した片島武矩《かたしまたけのり》の『武田三代軍記』がある。「塩止上杉謙信書通之事」と題する項に、塩送りの逸話があり、このときすでに、謙信が塩の値上げを規制する筋書きとなっている。以降の文献は、この軍記を参考に、逸話を拡散したのであろう。

軍記以外ではどうか。上杉系の史料では、上杉藩の正史として編纂された『謙信公御年譜(246)』（元禄9年・1696年成立）が最古と思われる。こちらも塩の値段を規制する内容となっている。武田の軍記より古いが、この文献は上杉家内部で閲覧するための公式文献なので、民間に流通していない。つまり、先述した軍記の作者である片島武矩が、『謙信公御年譜』を参考にこの逸話を書くことはなかったはずである。

すると片島武矩はどこで塩送りの逸話を知ったのだろうか。これはわたしの調査だけで、追究ができないでいた。そこへ富山市郷土博物館の主任学芸員である萩原大輔氏が、より古い文献を見つけだした(247)。

それは山鹿素行《やまがそこう》の言葉を、その弟子が書き残した寛文5年(1665)の『山鹿語類』[巻第23士談3 風流(248)]である。ただしここでは今川氏真と北条氏康ではなく、織田信長と氏康が塩留めを実行するなど、部分的にはほかの記録と相違するところがある。ここから『武田三代軍記』は、この『山鹿語類』を参考にしたのではなく、別の情報源があっただろうことを考えられる。

ところで、先に述べた片島武矩は、武田流軍学の開祖・小幡景憲《おばたかげのり》の高弟の門弟だった。武田流の軍学者だったのである。そして山鹿素行も若い頃はその景憲の弟子として修業を積んだものである。逸話の出どころであるふたりとも、武田流軍学ゆかりの人だったのだ。ここに、この逸話が史実であるかどうかを探る鍵がある。

信玄以来の伝統

ここから私見を述べていこう。『山鹿語類』が現れるまで、どの軍記にも塩送りの逸話は掲載されていなかった。

上杉側にすれば、これは謙信を称える「いい話」だから、もし家中で知られていたら、大々的に紹介していたに違いない。ところが上杉家の軍記でも、初期のものではこの逸話が載せられていなかった。謙信流の軍学者たちはこの逸話を知らなかったのだろう。

その一方で、武田牢人やその門弟たちはこれを口伝していた。武田家ゆかりの人々に、謙信を褒めて歩く義理などあろうはずがなく、こんな逸話を創作する動機もない。するとこれは、信玄生前から武田関係者たちの間で語り継がれていた可能性がある。

武田家の記録『甲陽軍鑑』（信玄生前から書き継がれた歴史の記録を、小幡景憲が書籍化したもの）では、しばしば謙信に賛辞を寄せている。同書の品第13に「敵であるのに謙信は信玄公を褒めた。信玄公も謙信を誇らず、嫉むことはなかった」とあるように、謙信と信玄は互いの長所を認めあっていた。同時代に、信玄は「日本一之名大将」と謙信を称揚している。信玄は見るべきところがあれば、それが敵であろうとも高く評価する大将だった。

謙信のよいところを褒めるのは、信玄以来の伝統であった。

塩送りの史実

さて、塩送りの史実性について考えてみよう。

先述の『武田三代軍記』を読むと、今川氏真と北条氏康は、武田家の今川派筆頭である武田義信が自害した永禄10年（1567）の翌年すぐに塩留めを開始した。一方『謙信公御年譜』は同10年秋のこととしている。

この頃、氏真は同盟国の信玄が、駿河侵攻を企んでいるのを察した。氏真の妻は氏康の娘で、北条は今川義元だった。氏真は北条を誘って塩留めを行なう。

経済封鎖の狙い

ここで考えてほしいのは、塩留めの狙いである。

これが〈経済制裁（Economic Sanction）〉であれば、制裁の目的は警告をもって相手の外交姿勢を改めさせることにある。ところが氏真は武田に「こちらへの侵攻を考え直せ」と告げておらず、これには当たらない。また、〈経済封鎖（Economic Blockade）〉であれば、城を兵糧攻めするのと同じで、相手の降参が目的となる。ところが氏真は北条以外に、織田や徳川を勧誘しておらず、封鎖としては不完全である。

こんな方法で、信玄が「駿河への野心を捨てます」とか「参りました」などと言うはずがなく、むしろ逆に「塩不足で領民が困っている。悪い氏真を討ち、駿河の海を取るべきだろう」と侵攻の名分を与えることにもなりかねない。

制裁や封鎖ではないので、政治の決着点は想定されていない。しかも自身の経済に打撃があるばかりか、商人たちの反発を招くリスクもある。場合によっては、信玄の動きが加速する危険もある。するると、塩留めはなにが狙いだったのだろうか。

考えられる答えはひとつしかない。氏真の目的は、武田家領内における塩の高騰《こうとう》と格差の発生、そしてそこから上杉への不快感が高まるという状況を作り出すことにあった。

東国外交の転換期だった

当時の東国諸大名は、外交の転換期にあった。

それまで上杉は、武田・北条・今川の三国同盟と対立して、激戦を繰り返していた。しかし謙信のバックである近衛前久がリタイアして、京都に遁走《とんそう》してしまい、ただの消耗戦となってしまった。これに疲れた謙信は、東国の戦争を終わらせたいと考えていた。

将軍就任を望む足利義昭も、かれらと和睦して上洛するよう謙信に要請していた。これは三国同盟側にも伝えられた。謙信は、北条・武田と早く和睦したがっていた。この流れを好機とみた信玄は同盟を裏切り、侵攻先を上杉領から今川領に変更することを考えていた。

これに危機感を覚えた氏真は、塩留めを考えた。先ほど述べた通り、その狙いは、武田を内部分裂の危機に追い込み、その怒りを上杉に向けさせることにあった。どういうことかというと、自分たちの手で甲斐を塩不足に追い込む。すると、上杉領から信濃と上野の武田領に輸出されている塩の値段は高騰するだろう。そこには親上杉派の領主も多い。領民は、塩留めを実行させた顔の見えない氏真よりも、目の前で暴利を貪る商人と、その背後にいる上杉を恨むだろう。すると、長年の合戦でいがみ合っていた上杉と武田のことだから、関係修復は簡単に破綻する。

氏真と氏康はそういう考えで、塩留めを実行したのではないだろうか。

甲越和与の伏線として

永禄11年（1568）12月、氏真の努力も虚しく、信玄が駿河に攻め込んできた。

それまで、謙信は水面下で武田家との和睦を模索していた。これは首尾よく進み、永禄12年（1569）に一時的ではあるが「甲越和与《わよ》」が成立している。同年、謙信は氏康との越相同盟も締結している。謙信は上洛準備を整えるため、東国との確執から抜け出そうとしていた。

大切な外交努力を進めている最中、謙信はつまらないことで武田家から恨みを買うわけにはいかない。このため塩留めには加わらなかった。

謙信が塩商人たちを放置していたら、越後の塩は武田領で暴騰して、これを恨みに思った武田方も「敵に塩を送る」ではなく、「敵に塩を売る」の古語を遺しただろう。

謙信の対応で、武田領は深刻な事態に陥らなかった。その証拠として、武田の領民が塩不足に苦しんだり、いがみあったりしたという記録はない。また、塩送りの逸話を記すどの文献も「塩を無償で送った」というものにはなっておらず、「塩を高値で売りつけた」ともしていない。

史実に「敵に塩を送る」の実態があったとすれば、それは商戦でも美談でもなく、このような綱渡りの外交だったのである。

義の心は「風流」

ところで、『山鹿語類』は、塩送りの逸話を「風流」の項に入れた。同書は人間の道徳や倫理を訓戒する書籍であるが、よりによってなぜ「風流」なのだろうか。

これは、昭和の時代の話である。大富豪の親分が、企業の社長たちから「政治家に高額なパーティー券をたくさん押しつけられて困っている」と相談を受けた。親分は「おれに任せておけ」とすべての券を買い取り、若い衆を動員した。親分は任侠世界の住民だった。セレブな有権者が多数集まる場に、強面《こわもて》の〝ヤカラ〟が押しかけてはたまらない。慌てた政治家は親分に謝罪して、パーティー券をもとの金額で買い戻した。この話の親分は、腹の底でこの状況を利用して、政治家や社長たちに恩を売る計算があったのかもしれない。ただ、この親分は、あまり損得にこだわらないという評判だった。すると、親分は「自分にしかできない快事をやってのけた」という気分を味わいたくてやったのかもしれない。自己満足であり、偽善であり、売名である。それでも親分は人々からの喝采を集めた。

謙信の塩送りも、こういうタイプの逸話だろう。謙信は、これから仲良くするかもしれない北条の機嫌を損なわず、今川からも反発されない形で「信玄と合戦する気はあるが、経済戦争には加担しない」と断り、同時に信玄との和睦を妨害されないよう計算して、塩の値段をコントロールした。

そして、一連の対応を小気味よい言葉で飾って上手に片付けた。その印象がそのまま武田家中に語り継がれたことで、この逸話は「救済」や「正道」みたいなところではなく、「風流」のカテゴリに属することとなったのではないだろうか。

謙信自身は信玄に書状を送り、商人に下命を伝えたあと、人を救ったとも考えず、「いい気分だ」と思いながら酒を楽しんだことだろう。

世にいう「義の心」とは、こういう風流ある心映えを指すのかもしれない。

おわりに

今年は小説家の伊東潤さんとの共著でデビューして10年になるが、本書も担当編集の山内菜穂子さんからお声かけいただいたとき、その伊東さんに「上杉謙信の越山をテーマに書いては」と勧められていたのを思い出して、企画を提案したところからスタートした。

謙信越山については、その動機が未解明なことから、これまで杜撰な解釈がまかり通っていた。それとともに、謙信が関東管領の名代職になった通説の説明にも納得できないことがあったので、越相大戦の発生と初期破綻を描くという独特な構成をとることにした。

そのため謙信以外の東国の群雄についても従来と異なる視点で切り込んでみたが、普段なかなかスポットが当たらない彼らに注目してもらえたら幸いである。

ここまで楽しんでくれた読者の皆さんと、型破りな原稿を丁寧に編み直してくれた山内さんと、惜しげもなくアイデアを授けてくれた伊東さんのご厚意に感謝申し上げます。

令和3年正月吉日

乃至政彦

脚注

（1）『三州志』などにこの漢詩を能登七尾城で詠んだとする説を見るが、先学（井上江花『江花叢書』［第4巻］江花会・1926）の言うように越中で詠まれたと見るのが妥当だろう。

（2）『謙信公御年譜』の他、良質の資料に「閑所」で「卒中」に「昏倒」したとあるが、閑所とはトイレというより自室を指す用例が多く、また当時の上杉景勝書状に謙信は「虫気」で亡くなり、自分は「遺言」で本丸に入ったと述べられている。虫気の語も腹痛の意味で使われるもので、これを脳卒中と解するのは適切ではない。

（3）WEBの連載中あらたに史料を読み返し、9年前の『上杉謙信の夢と野望』と見解を変えたところがある。これからもアップデートを重ねたいと考えているので、「これは違うのでは」「すでにその説は古い」と感じたら、公式サイト「天下静謐（www.twinkletiger.com）」のメールフォームまで、ぜひご意見をお寄せいただきたい。

（4）慣例として、当事者の証言や同じ時代に書かれた手紙や日記・公文書の類によるリアルタイムの直接情報を一次史料と呼ぶ。文献史学では、数十年から数百年あとに書かれた間接情報を二次史料と呼ぶ。便宜上の呼び名だが、歴史研究は、一次史料を中心に歴史を再構成していくことを重視する。

（5）ただし憲政が本当に関東管領だったかどうか確証を得られていない。番外編弐で再考する。

（6）天下政権とは、狭義では京都を中心とする畿内政権のこと。広義では日本全土を支配する政権の意味も包含する。

（7）本書を平易に読んでいただくための便宜上の呼称。鈴木芳道「後北条氏権力の「国」」（『鷹陵史学』［21巻］・1995）が、北条氏を「分国」の「武家政権」と評したように、先行研究で同種の先例がないわけでもない。

（8）『上越市史』134号。上杉謙信時代の古文書を網羅的に翻刻して掲載した資料集『上越市史 別編1 上杉氏文書集一』の正式書名とその古文書番号。以後、資料集はこの形式で記していく。

（9）「平三」の読みは史料上に確認されていない。一般には「へいぞう」とルビを付されることが多いが、二次史料には景虎の兄として「長尾平蔵」なる人物が登場しており、これと同じ発音であるとは思えないので、景虎の仮名は「へいざ」と読まれていたと考えるのが妥当である。

（10）『蓮成院記録』天正10年（1582）3月条

（11）『上越市史』62号

（12）『上越市史』82号、87号。吉江茂高は「御屋形《(上杉憲政)》様御出陣之事、来廿日比可為」を、上杉成悦（憲政）も「近日上州可打入候」と述べている。

（13）禁制は現地からの要請で発給された。禁制のない地では略奪が横行したというのが通説のようだが、史料的根拠はなにもなく、現実的想像ですらない。そうではなく、これらは「宿舎と市場を用意したのでこちらに来てほしい」と伝えるため発給されたと考えるのが適切に思う。

（14）『上越市史』93号

（15）『上越市史』95、97、98号

（16）元禄9年（1696）成立。『上杉年譜』（『上杉家御年譜』）とも呼ばれる。徳川時代の上杉藩（米沢藩上杉家）による公的な正史である。

（17）編纂史料の本文は長文で掲載意義も高くはないが、文献史学に馴染みのある読者に、乃至流の意訳がどういうものか示しておきたいと思うので、第1節ではこれら原文を参考としていくつか載せておくこととする。関心のない方は読み飛ばしてもらいたい。

（18）【原文】「憲政ノ恢復ヲ志シテ関東ニ発向シ、安中越前守ヲ郷導トシテ平井城ヘ押寄、平攻ニ責ケルニゾ、城代北条三郎長綱防戦ノ術ヲ尽テ夜ニ紛レ松山城ヘ落ケレハ、謙信事故ナリ平井ノ城ニ入テ思ノ侭ニ旗押立、関東越山ノ眉目ヲ施シ、近隣ニ威ヲ振ヒ三千余ノ兵ヲ平井ノ城ニトメ置、六月上旬、越後ヘ帰陣セラリケリ」

（19）【原文】「天文廿二年八月、謙信関東ヘ越山シテ、上州・野州ノ堺ヲ巡見シ、桐生筋ヨリ佐野天命ヘ打越シ、二千余人足利ノ八幡ヘサシカカラレ金山ノ横瀬雅楽介成繁カ足軽大将・金井左ヱ門佐カ無礼ヲ忿リテ忽ニ討果シ、渡瀬川ヲ渉リ、迫間山ノ腰ニテ兵粮ヲツカヒ、夫《それ》ヨリ佐野表ヘ兵馬ヲススメラレケレバ、周防守昌綱、岡崎山ノ後マデ迎《むかえ》トシテ出向ヒ、打連テ栃本ヘ入城シテ丁寧ノ饗応アリ、申楽ヲ興行シテ抑留シケル故、謙信三日滞坐シテ平井ノ城ヘ帰ラレケル」

（20）『関八州古戦録』[巻之四]「上杉景虎東上野働ノ事」にもこれと同じであろう事件を他方から見た記述がある。

（21）【原文】「下野国御通り、佐野・桐生の道筋、山の中御覧のために、鹿田山の峯にて御弁当をなされ、廣澤境野原を御通り、足利八幡へ御懸り、二千余騎の人数、後先に押行く。細道案内なき故、左右の脇田畑を踏みて、狼藉限りなし」（『上州坪弓老談記』［巻之上］）

（22）【原文】「茶臼山の寄居物見番頭には金井田左衛門といふ者、在番して居たりけるが、謙信公御通りを聞きて、雨沼の辺に出向き、遠見して居たりけるが、謙信公の先陣の侍、之を見て、走向つていひけるは、『如何《いかなる》者なり。大軍をも恐れず、馬上して居たりける、近国辺土の使者の仁にてやかるか。無礼至極なり』といひければ、左衛門此由《このよし》を聞きて、『扨《さて》は越後の国主ちんば殿か。斯様《かよう》にまかりあるは、新田の家人・金井田左衛門と申《もうす》者なり。此山の番所に在番仕る者なり。是より足利迄は、由良・長尾一家支配の地にて御座候間、其方外様の面々、狼藉仕らざる様に仰付けらるべし』といひければ、先陣の者共、具に申上げたりけり。謙信公聞食して、御機嫌能き砌《みぎり》なれば、大笑なされて『鋒先をも恐れず、無礼至極なる奴かな。其屑者は、田夫（田舎者）なりと見えたり。志不便なれども、其の分に赦し置くならば、行先に無礼者多かるべし。扨又新田・足利より態《わざ》とたはけ者を出し置きて慮外させ、謙信が心を引見るらん。先手寄歩弓人に触れて、一人も逃すべからず。其上、寄居の番所をも撫切にして通るべし』と仰出されければ、」（『上州坪弓老談記』［巻之上］）

（23）【原文】「左衛門も此色を見て早足に馬に乗て逃延んと思けれとも大勢に取込られ、神明の森町田か屋敷の前にて立腹切て死たりけり」（『新田老談記』［上］）

（24）乃至政彦『戦う大名行列』ベスト新書・2018

（25）『戦国遺文 後北条氏編』422号

（26）「憲政」の名は天文6年から砂窪合戦まで継続され、その後平井城を失ってからは「憲当」に改名し、その後は越後国内で出家した。還俗したのは長尾景虎が上杉政虎を名乗ってから。

（27）伊藤寿和「下総区に関宿城下町に関する歴史地理学的研究」（『日本女子大学紀要』56号・2006）

（28）長塚孝「戦国期の簗田氏について」（『駒沢史学』33号・1984）

（29）生年未詳だが、『北条記』により「妹」とする。

（30）島田洋「後北条氏と簗田氏」（千葉県立関宿城博物館）

(31) 西日本の意味。
(32) 『戦国遺文 後北条氏編』404号
(33) 余談ながら、昨今は戦国時代の「天下」は、五畿内を意味するという論調が強いが、この時代に地方を「天下」と呼ぶ用例は多く、織田信長の「天下布武」の天下も今日的な意味で読んでいいことをWEB連載の番外編で書いた(JBPress「織田信長ら戦国武将の印判」2020年7月1日公開)。
(34) 永禄9年(1566)までに、太田家と小山家と簗田家は、当時の関東管領からいずれも等しく「百騎」の軍役を記録されている。結城晴朝、佐野昌綱、横瀬成繁、成田氏長、宇都宮広綱らの大名は「二百騎」。『上越市史』481号より。
(35) 本節は滝川恒昭編著『房総里見氏』(戎光祥出版・2014)の各論文に多くを拠る。
(36) 峰岸純夫「中世城館の調査と保存・活用」(『里見氏稲村城跡をみつめて』第二集・1997)の論考では、「トウソン」の読みも提議されている。
(37) 『鎌倉大草子』[巻四・五]は「押領」していったと記す。
(38) 滝川恒昭「房総里見氏の歴史過程における「天文の内訌」の位置付け」(『千葉城郭研究』2号・1994)による。ただし里見義通の次代・義豊は、古河公方足利家と関東管領上杉家および関東諸士に対する書札礼の様式を記した「里見家永正元亀年中書札留抜書」の存在から、両公方を天秤にかけていた可能性もある。
(39) 「房総里見氏文書集」15号(『千葉大学人文研究』37号・2008)。手力雄神社棟札銘。
(40) 横田光雄「房総里見氏の領国形成と寺社」(『史学雑誌』98号・1989)
(41) 寺社の事務を統括する役。
(42) 『戦国遺文 後北条氏編』103、104号
(43) 佐藤博信『安房妙本寺日我一代記』思文閣出版・2007
(44) 『快元僧都記』「七月廿七日、房州正木大膳大夫(道綱)為里見義豊被討、同伯父里見左衛門大夫入道(実堯)被誅之、」
(45) 8月21日に北条為昌が、水軍の指揮官・山本左衛門尉家次に「於房州妙本寺」で敵を討ったことを「高名無比類」と褒賞する感状が伝わっている。感状の日付は23日なので、為昌は現場付近にいたであろうし、為昌が他国に独断で軍事行動を

執ることは考えにくいので、この時期に氏綱が下命したと見るのが適切だろう。この感状には「妙心寺」と誤字している写しもあるので注意。

(46)『唯我尊霊百日記』（別題『日我百日記』）

(47)『快元僧都記』天文3年4月7日条

(48)滝川恒昭前掲論文に「簒奪者としての評価はなかなか消えることなく続いたのであろう」と見られているように、自立した義堯は内外の信頼を得ることが目下の課題のひとつとなった。

(49)『妙本寺本源氏系図』の里見義堯付記。

(50)本章は佐藤博信『安房妙本寺日我一代記』（思文閣出版・2007）に多くを拠った。

(51)『諸家系図纂』[三之二・源氏里見系図]

(52)【原文】「我々如くノ大俗ニ候共、法花経ヲ信申サハ、後生可助由尤経文明鏡ノ上ハ無疑候、サテ他国ニケイサクヲ廻、或ハ人ノ所領ヲ取、或ハ物ノ命ヲ殺シ候共、夫ハ苦カル間敷候ヨナ、言語道断、年来ノ疑ヲハハレ、邪見ノツノヲ今日モキ落テ候、度々御宗体ノ談義ヲモ聞申テ候ヘ共、如今懸ニ経文ヲ引、無私法聞殊勝候、此ニ不審悉ハラシ候、」

(53)『日我百日記』

(54)『快元僧都記』天文6年5月16日条

(55)ひとつひとつその中身を明記して、取捨選択の理由を説明しないが、国府台合戦に関心のある方および、どちらか片方でも読んだことのある方は、それぞれの出典と判断基準もすぐにわかるはずで、その当否を見定められよう。

(56)『小弓御所様討死軍物語』【原文】「小弓様の御勢は二千余騎といふなり。右京の大夫氏綱は三千余騎にて控へたり」

(57)「史料紹介：上杉憲政文書集」1号（『駿河台大学論叢』42号・2011）

(58)北条氏康は、永禄12年の条書で「先年亡父氏綱応　上意令進発、於総州国府台遂一戦、稀世　御父子（足利義明・高基・基頼）三人討捕申候、依勲功官領職被仰付、　御内書両通頂戴候、」と、国府台合戦で氏綱が管領に任じられたと述べている（『上越市史』723号）

(59)【原文】「義堯房陽ノ太守トシテ、二三ヶ国ヲ領シ、四五ヵ国ニ手ヲカケ、萬民ヲ哀ミ諸士ニ情有テ、国ヲオサメ世ヲタモチ、一代二代ナラス、曾孫迄クニヲユツリ、無欲右道ニシテ慈悲深重也、値大敵マケヲトラス、カツ事ヲ千里ニエ、逆臣ヲシタカヘ、讒臣ヲチカツケス、賄賂不耽、非道ヲ不行、六十八ニテ逝去、恐クハ関東無双ノ大将」

(60) 今福匡『上杉謙信』星海社新書・2018、山田邦明『上杉謙信』吉川弘文館・2020

(61) 山本隆志：高野山清浄心院「越後過去名簿」（『新潟県立歴史博物館紀要』第9号・2008）

(62) たとえば長尾為景の没年は天文5年（1536）説と同11年（1542）説があったが、『越後過去名簿』の記録から、天文10年（1541）であることが判明した。謙信実母の没年も同様に、永禄11年（1568）から天文12年（1543）に改まった。

(63) 現在の直江津駅付近の港湾都市。御館公園、至徳寺館跡などの史跡がある。

(64) 「御松子」は、「御新造」の乳母の娘と想像するのが自然に思われる。乳母なら「御松」と御の敬称がつけられるのは適切で、その娘は著名人でないことから実名を略された。「御新造」と世代が同じだろうから、長年親しく交わっていたものと思われる。以上の経緯から「昌栄善女」の生前供養を行なったと読み取れる。きっかけは身内の不幸などであろうか。こうした情報が添えられていることから、「昌栄善女」は「御新造」その人と見るのが適切だろう。

(65) 『羽前米沢上杉家譜』［三］に、長尾晴景の長男「猿千代早世」の記述がある。

(66) 『謙信公御年譜』によると謙信は家督委譲の話を受けたときに「晴景嫡男成長ノ時ニ至テハ、速ニ家督ヲ渡スヘシ」と述べ、実際に「ソレヨリシテ御自身清浄ニシテ、自然ト塵慮ヲ遠ケ、終ニ晴景父子ニ節義ヲ守ラル」ことになったという。謙信美化の可能性を否定できないが、その生涯不犯を説明するものとして政治的合理性の高い説明だろう。

(67) 寅年生まれの謙信は幼名を「虎千代」とされている。卯年生まれの上杉景勝は「卯松」だった。

(68) 『景勝公御年譜』

(69) 府中と春日山は、徒歩1時間以上（約5・5キロメートル）の距離がある。

(70) ちなみに『北越軍談』［巻第2］に「（守護上杉）定実は一人の息女あり。風姿類《たぐい》なく長々敷《おさおさしき》に付《つい》て、道七斎（為景）是《これ》を迎《むかえ》て六郎道（晴）景の御料人となし玉ふべき存念事究《きわま》りぬ。」と伝わる。上杉定実の娘だったのかもしれない。

(71) 高貴な武家の婦人であれば、ここに「禅尼」「大姉」などの文字が入るのが当時の習慣だった。

(72) 片桐昭彦「謙信の家族・一族と養子たち」（福原圭一・前嶋敏編『上杉謙信』高志書院・2017）

(73) 『系図纂要』第六冊上藤原氏6に「政治［実成治三男 左京大夫］天文十七年二ノ廿二卒、五十六、栗月院列山長浄《(伊)》」とあるのに拠る。

(74) たとえば『［校訂冊補］常陸八田家小田氏系図（その2）』に「実足利従三位佐兵ヱ督政知之遺子、母家女房藤野」とある。

(75) 黒田基樹「小田氏の発展と牛久地域」「小田氏領国の構造と土岐氏の領域支配」（『牛久市史 原始古代中世』・2004）

(76) 結城家の菩提寺。

(77) 結城政勝の子晴朝が編纂させた『結城家之記』より。

(78) 小丸俊雄『小田氏十五代―豪族四百年の興亡』崙書房・1979

(79) 『佐竹家旧記』［九］

(80) 『小田軍記』［巻二］

(81) 『小田原記』［四］

(82) 『芹澤家譜』

(83) 『佐竹家譜』［第十九義昭家譜］

(84) 『小田氏譜』［上］

(85) すべて結城政勝が弘治2年（1556）制定の「結城氏新法度」第61条、第78条、前書、第67条に記した実際の事件である。政勝は家中の放埒ぶりに我慢を重ねていた。

(86) （弘治元年）10月19日付・白川晴綱宛岩本定次書状で、「来春向小田江可被致調儀由」とあり、また『戦国遺文 後北条氏編』509号文書の翌年3月17日付書状でも「常州江出馬之儀承候、結城・大掾依弓矢之手成」とある。

(87) 『戦国異聞 後北条氏編』508号文書。

(88) 弘治2年比定の3月17日付北条氏康書状に「佐竹此方通用無曲由彼書中相見候、佐竹・白川取逢被来候儀一点不在候、」「佐竹被申所、小田之間疎遠ニ可取成所、此方へ通用之為意趣由候、然而近日小田・佐竹間弥甚深之由候、此時者計儀之被申事ニ候之由令存候、」とある（『戦国遺文 後北条氏編』508号）

(89) 『結城家之記』に「武州江戸遠山丹波守・同岩付太田美濃守都合其勢二千余騎結城ェ着陣、壬生中務太輔取宇都宮在宮、

率鹿沼・壬生ノ人数而着陣、下野佐野隼人正・同館林茂呂因幡守参陣、政勝率其大軍向小田発向、海老島表ニ陣取」と記される。

(90)『結城家譜』、『結城家之記』

(91)『戦国異聞 後北条氏編』516号

(92)『関八州古戦録』など。

(93)『水谷家譜』

(94) かれらの言葉は残っていないが、兵法も知らぬ凡愚めが、口ほどにもなきやつらめ、ぐらいのことは思っただろう。

(95)『戦国遺文 後北条氏編』516号文書。4月8日付・正木氏宛北条氏康感状に「得勝利、敵数千人討捕候、不思議之仕合、満足大慶可為御同意候与令拝察、不慮之合戦故、惣手者不合候、遠山・太田美濃守・結城衆以三手切勝候、」とある。

(96)『和光院旧記』

(97)『結城家之記』

(98)『土浦関係中世史料集 下巻』159頁遠藤白川文書

(99)【原文】「弘治年中、佐竹義重攻海老島、政経時出馬自西南同来撃之也、」

(100)『小田原記』[4]

(101)【原文】「人を猜《そね》みとめる者を好み諂《へつら》へるを愛し」

(102)【原文】「六万の人数を持ても、忝《かたじけなく》存ずる者は百人の内ならでなし」

(103)【原文】「知行・所領・金銀・米銭を善悪のわかちもなく人につかわし」

(104)【原文】「諸侍形義《（行儀）》あしうなり終に其家滅亡する」

(105)【原文】「是《これ》を誰《タレ》そと申《もうす》に関東の管領上杉義縄《（憲房）》の嫡子則政《（憲政）》公にてとゝ《ど》めたり」

(106)【原文】「民ノ愁ヲ不知、人ノ嘲ヲ不顧、侈リヲ極メ、色ニ艶リ、酒宴ニノミ日ヲ送ル。依之佞人ハ日ヲ追テ集リ、賢人ハ自去ル」

(107) 北条氏康の河越夜戦と毛利元就の厳島合戦と織田信長の桶狭間が数えられる。どれも兵の多寡に依らず、奇襲で勝利をもぎ取り、敵の総大将を討ち果たしたとされている。

（108）河越は何度も戦場となっているが、このときは実際の戦闘が「砂窪」で行われた様子を認められる。

（109）桃崎有一郎『室町の覇者足利義満』ちくま新書・2020

（110）『戦国遺文 後北条氏編』108号

（111）「史料紹介：上杉憲政文書集」7号（『駿河台大学論叢』42号・2011）

（112）『甲陽日記（高白斎記）』天文14年9月22日条

（113）『甲陽日記』天文14年9月24日条

（114）【原文】「官領・義元・氏康、三方輪の誓句参候、此義に付高白三度雪斎陣所へ行、廿二日互に矢留」

（115）『戦国遺文 後北条氏編』180号の第一条、第二条、第三条。

（116）【原文】「北条氏康公、河越にて上杉管領八万余の軍勢に、氏康八千の軍勢にて勝給ふも夜軍なれば、敵油断の故なり。さなくば、八万余の人数、八千の北条に何とてしまけ申べき。」

（117）慶長8年（1603）から元和2年（1616）成立と見られる初期軍記『豆相記』に「而両上杉催、常・総・房・野州士卒凡八万六千余甲両陣営于武柏原、」とあるが、この文章が微妙に読みにくく、「河越夜戦」と混同されかねない書き方になっている。

（118）久保田順一『上杉憲政』戎光祥出版・2016

（119）『戦国遺文 後北条氏編』269号文書

（120）「通説は」というより、それ以外の解釈をする人がいない。

（121）『戦国遺文 後北条氏編』272号文書

（122）冷静に考えてみよう。勝算の見込みが薄い戦闘に賭けるのはリスクが高すぎる。ことによれば、先の読みが浅い大将に将来を託した河越城の諸士の人命どころか、名誉まで失わせることになりかねない。現実の中世武士は割合に現実的で、軍記のように夢見がちではない。よしんば勝利したとしても、河越城の諸士のなかには、自分たちを救うことよりも、戦後の甘い夢に重点を費やした氏康への不信感は拭いがたいものとなるだろう。また、氏康がそれほどの夢想主義者であれば、太田全鑑も調略に応じるはずがない。氏康はまだ交渉による解決を第一と考えていたと考えるのが妥当だろう。そこでこの書状を見直すと、氏康は全鑑に和平交渉の協力を依頼して、快諾を得たものと受け止めるのが適切である。

(123) 乃至政彦『信長を操り、見限った男 光秀』河出書房新社・2019

(124) 【原文】「大将によらす、諸侍とも義を専に守るへし」

(125) 『戦国遺文 後北条氏編』578号

(126) 『古河市史資料中世編』958号

(127) 『上越市史』723号、【原文】「先年亡父氏綱応 上意令進発、於総州国府台遂一戦、 稀世 御父子三人(足利義明・高基・基頼)討捕申候、依勲功官領職被仰付、 御内書両通頂戴候、此筋目雖可申披所存候、」

(128) 元禄9年(1696)以前成立『諸家系図纂』の「喜連川判鑑」には「享禄四年九月二日山ノ内上杉四郎憲政、憲寛ニ代テ管領職ト成ル」とあるが、同時代史料に裏付けがなく、遡及設定の疑いを拭いがたい。のちに謙信は、永禄8年(1565)6月24日付の願文で「上杉憲当東管領職与奪」と述べているが、もし憲政が家督とともに関東管領職を継承したと認識していたとしても、それは山内上杉家中のみの合意であり、正当性は薄かったと言わざるを得ない。

(129) 佐藤博信「後北条氏と古河公方足利氏の関係をめぐって:芳春院殿・芳春院周興を通じて」(『史学雑誌』87号)より。『異本小田原記』『喜連川判鑑』『鎌倉公方九代記』などの二次史料に拠るが、それまで氏綱が関東公方と信頼関係を築いていることから参考としていいだろう。

(130) 『上越市史』271号、【原文】永禄四年閏三月十六日付・簗田晴助宛上杉政虎起請文「今度憲《のりまさ》当名跡、何等与奪事、悉皆御執成御懇意難尽謝候、彼名代職義、寔雖斟酌千万候、各頻而御意見之間、先以任意候、依之条々預誓詞候、本望候、」

(131) 『上越市史』248号、【原文】「[前略] 去年以来長陣の事にて候へハ、国をおさめ、たミ《民》をたすけらるゝ分別、文武二道とはゝかりなから存候、将又名のり氏《うじ》あらためられ候て可然よし、諸人申《もうす》につき、しん酌なから、かしく、とうしん(同心)のよし、近比《ちかごろ》〳〵珍重候、さらにしん酌あるへき事にて候ハす候、殊に去々年在京之折ふし、知恩寺をもつて進之《これをまいらせ》候つる大樹(足利義輝)御自筆之文、我等にたいせられ候文言に候うへ、まして関八州之職(関東管領職)之事、公儀成下候時者、如何としてとかく巨難あるへき事候哉、たといその儀なく候とも、りうん《理運》まて候、[中略] 返々、氏あらためられ候事、珍重候、殊に藤氏の事に候へハ、我等まて大慶候、かしく、」

(132) 『上越市史』173号、【原文】「以密々可被仰聞条々、一切不可令他言候、」

(133) 『上越市史』174号、【原文】「景虎存分殊失国候共、是非可抽忠節之旨、大切之覚悟候、仍彼儀下国之砌、可申出候、然者爰元無意儀候条、先帰国之段可然候、内々此等趣可被仰聞候、」

(134) 『上越市史』186号。乃至政彦『上杉謙信の夢と野望』(ワニ文庫・2017)、近衛通隆「近衛前久の関東下向」(『戦国大名論集 上杉氏の研究』吉川弘文館・1984)

(135) 『上越市史』429号、【原文】「憲政事、被渡病者候間、可与奪名代職愚拙之由候、諸家一揆、以同心領掌可然之段、頻而雖懇望、不相応之儀与云、若輩与云、就中不奉経 上意、以私納得、不可叶之段数日雖申、八幡宮神前各《おのおの》有詰［中略］憲政頻本復之間、可罷旗之由、令返答」

(136) 『上越市史』180号

(137) 『甲陽軍鑑』［品第32］

(138) 『上越市史』176号、【原文】「国之儀一向捨置、無二可奉守上意様御前之由存詰候間、」

(139) さらにいえば、このとき憲政がまだ管領だったかも疑問である。管領は将軍が任じるということになっているが、後に北条氏康は上杉謙信との停戦交渉で、北条家はかつて公方から管領に任じられた経緯があると主張している(『上越市史』723号)。これは氏康の虚言ではなく、事実と考える方が理に適う。憲政の管領職は失効していたのだ。

(140) 『上越市史』195号

(141) 『上越市史』186号、【原文】「今度長尾一筋ニ頼入、」

(142) 『上越市史』180号、【原文】「上杉五郎進退事、向後儀、景虎以分別令意見、馳走簡要事」「信濃国諸侍事、［中略］景虎可加意見段、肝要」

(143) 一代限りで、その責任を引き受けることを「名代」という。たとえば、幼い当主に代わって家督を司ることを「名代家督」という。景虎は関東管領を無条件で受けたわけではなく、自らが「名代」であることを繰り返し強調した。

(144) 乃至政彦『戦国の陣形』講談社現代新書・2016

(145)『上越市史』290号に、近衛前久は「雖不弥義候、自身被及太刀打段（珍しい行いでないと言えども、自身太刀打ちにお呼ばれしこと）」と、謙信が自身太刀打ちの秘儀を常用していたことを述べている。
(146)乃至政彦『戦国の陣形』講談社現代新書・2016、同『戦う大名行列』ベスト新書・2018
(147)『謙信公御年譜』および『上越市史』175号など。具体的なやり取りは拙著『上杉謙信の夢と野望』参照のこと。
(148)連載中は一部研究者の概説から①関東管領職、②上杉家督、③屋形号、④桐紋または菊紋、⑤裏書御免、⑥塗輿御免、⑦白傘袋・毛氈鞍覆と解説したが、これを改め、通説そのままの解釈に復すこととする。
(149)幕臣・大館晴光の当時の副状に、「裏書御免」が「三官領・御一家計」に認められているものであることを記されている（『上越市史』178号）。
(150)『越佐史料』巻4・233頁
(151)『上越市史』214号
(152)『上越市史』204号
(153)『上越市史』205号、【原文】「惣躰景虎事、依々怙不携弓箭候、只々以筋目何方へも致合力迄候、」
(154)『上越市史』214号
(155)『越佐史料』巻4・260～261頁
(156)貴人、特に将軍の御所を軍勢で包囲して、強訴を押し通す行ないを言う。
(157)『上越市史』1250、1251号
(158)『上越市史』271号、【原文】「憲政煩《わずらい》本腹《復》之間」
(159)『上越市史』428号、【原文】「憲政事病者渡候間、名代職之事、可有与奪愚拙之由、諸家一揆以同心、領掌可然之段、頻而懇望云、」
(160)【原文】「諸人申につき、しん酌なからとうしんのよし、近比〳〵珍重候」
(161)【原文】「返々氏あらためられ候事、珍重候」
(162)『上越市史』277号

(163) 【原文】「惣体関東事前後不案内」

(164) 【原文】「任其意」

(165) 【原文】「憲当《憲政》名跡」。上杉憲政は砂窪合戦の敗北後、「憲当」に改名し、その後、謙信の鎌倉入りまで「光哲」の法号を称していた。それがここで突如俗名の「憲当」で呼ばれている。名跡移譲のため、急遽還俗したと思われる。ただし、それなら偏諱を受けた謙信は「政虎」ではなく「当虎」を名乗るのが普通だが、なんらかの意図があり、あえて「政虎」としたのだろう。

(166) 【原文】「彼名代職」

(167) 【原文】「公方様御家督之事、其方へ深令談合、何之御方に而も御相続之儀、可走廻候」

(168) 『上越市史』275号

(169) 近年、謙信に妻帯した可能性があることが指摘されている(山田邦明『上杉謙信』吉川弘文館・2020)。たしかに謙信が完全に独身ならば、同時代史料にそれを問題視する記録があって然るべきだが結局実子を得ることなく、また正室との生活を営んだ形跡がない。これらを包括すると、この「しんさう」は謙信と型通りの祝儀を整え、その後あまり接点を得られないまま逝去したと考えられないだろうか。

(170) 最近は学界が俗界への野心をもっているのか、発言力や影響力を行使しようとする傾向が目立つ。たとえば、「○○○(歴史人物)は英雄ではない」とする言説を目にすることがあろう。だが、研究報告や学術論文で「○○○は英雄である」と主張する学者はいないのだから、これらはすべて一般人、すなわち俗界に対する否定的メッセージということになる。そもそも歴史学者は、英雄の判定をする専門家ではなく、そうした技量を求められてもいないはずだ。英雄論は、作家や歴史家に委ねるのが望ましい。

(171) そういう意味では学位も受賞歴もないわたしにとって先輩格の人である。しかし八切は作家で、わたしは歴史家(ほんとうは「上杉謙信研究家」のつもりだが、業務上の都合で「歴史家」で通している)である。

(172) ここにはとても引用できない。なお同書の武田信玄も想像を絶する体験に見舞われる。

(173) 「戦国大戦」「歴史大戦ゲッテンカ」など。

(174)「戦国コレクション」「戦国IXA」の上杉謙信、「Fate/Zero」の長尾景虎など。

(175)柳原満月『軍神ちゃんとよばないで』(まんがタイムコミックス)、東村アキコ『雪花の虎』(ビッグコミックススペシャル)など。

(176)篠綾子『女人謙信』(文芸社文庫・2014)は、八切とは別方向の女性作家による作品。

(177)【原文】「東八州掌握静謐之上、於武・相之間 問一所奉寄附属、東国之諸士悉在鎌倉之上、当社如元造畢」

(178)『上越市史』258号

(179)『上越市史』271号、【原文】「然者、公方様(足利晴氏)御家督之事、其方へ深令談合、何之御方に而も御相続之稼可走廻候。[中略]御前(簗田晴助)之事、於大途者見放不申 [後略]」

(180)【原文】「然レトモ小田原近郷ノ屋舎ハ一字モ残ラス兵燹ス」

(181)【原文】『上越市史』271号、「彼名代職義、寔雖斟酌千万候、各頻而御意見之間、先以任意候、依之条々預誓詞候、」

(182)【原文】「昔、伊予入道頼義・八幡太郎義家(頼義は義家の伯父)より以後、家例ありて、大将と一度に下馬して、至つて礼法の事なり」として、政虎の前にも「馬上にて待ちける」が、そんなことを知らない政虎は「昔の大将(頼義)は(義家の)伯父なれば、礼もありつらん。今主従の作法には叶ふべからずとて、拵者《かせもの》に申付けて、成田を散々悪口《あっこう》し、馬より引落し、砂土につくばせけり」

(183)【原文】「社参ノ列ニ入テ、鶴岡ニ有シカ、帰城ノ暇ヲ不請《こわず》、諸将ニ先立テ潜ニ山内ヲ退ク」

(184)【原文】「諸将ニ先立テ味方ニ属」

(185)『上越市史』277号、【原文】「なり田おさあいもの、ゆふへまいり候」

(186)『異本小田原記』[巻2]より。この狂歌の内容を読解する先行研究は見当たらなかったので、独自に読み解いた。間違いがあれば是正されたい。

(187)『戦国遺文 後北条氏編』702号

(188)『戦国遺文 武田氏編』735号、『上越市史』273号

(189)『上越市史』274号

(190)『上越市史』276号

（191）『越佐史料』巻4・333頁
（192）『甲陽軍鑑』品第39【原文】「勝頼弓矢の取様、輝虎と無事を仕り候へ」
（193）同【原文】「謙信はたけき武士なれば、四郎わかき者にこめみ《小目見》する事有間敷候、其上申合せて頼むとさへいえば首尾違ふ間敷候」
（194）同【原文】「信玄おとなげなく輝虎を頼と云ふ事申さず候故、終に無事に成事なし」
（195）同【原文】「必勝頼謙信を執して頼と申べく候、さように申、くるしからざる謙信也」
（196）小西鉄男『プロパガンダ』平凡社・1930
（197）『上越市史』140号
（198）【原文】「武田晴信佞臣、乱入彼信州、住国之諸士悉遂滅亡、破壊神社仏塔、国之悲嘆及累年」
（199）【原文】「何対晴信、景虎可決闘諍無遺恨、依為隣州国主」
（200）【原文】「以義誅不義」
（201）山本勘介を「軍師」とするのは後年の創作で、実際は足軽大将という特殊歩兵隊の指揮官。「勘助」と書かれることもあるが、『甲陽軍鑑』は「勘介」を基本表記としているようだ。
（202）『松隣夜話』、【原文】「暁天に信玄か旗本へ切て入、無二無三の一戦を遂て雌雄を一時に定む可」
（203）【原文】「後度の軍《いくさ》は味方敗軍たる可。甘糟は千余騎にて雨ノ宮の葛尾に居て、敗軍の士を助け候へ。初度の槍に於て、今見玉へ」
（204）『上越市史』270号、【原文】「小笠原大膳大夫（長時）帰国事、無異儀様馳走可為神妙候、猶［大館］晴光可申候也、」
（205）【原文】「長尾景虎忽追北消亡」
（206）【原文】「信玄存分得勝利」
（207）生島足島神社文書
（208）新藤透『戦国の図書館』［東京堂出版・2020］によれば、公家の一条兼良《かねよし》が文明12年（1480）7月の『樵談治要《しょうだんちよう》』で任期四年の国司制が消えて守護制になっても任国を子々孫々に伝えて知行するのは「春秋の時の十二諸侯、戦国の世の七雄」と同じだと書いてあり、また公家の近衛尚道《なおみち》も永正5年（1508）4月16日の『後法成寺関白記』において細川家中の御家騒動を「戦国の世の如し」と述べている。『日葡辞典』は「戦国」を「戦う国をそう呼ぶ」と記している。これらは今日的な「戦国」の解釈で使っておらず、先例となるのはやはり武田家中のみであろう。

（209）『上越市史』1250号、天正3年［1575］4月24日付上杉謙信願文

（210）『信長公記』首巻

（211）【原文】「萌黄の胴肩衣きたる武者、白手拭にてつふりをつゝみ、月毛の馬に乗り、三尺斗の刀を抜持て、信玄公床机の上に御座候所へ一文字に乗よせ、きつさきはづしに三太刀伐奉る、信玄公立て軍配団扇にてうけなさる、後みれば、うちはに八刀瑕あり」

（212）【原文】「後聞けば其武者輝虎也と申候」

（213）【原文】「雖不珍儀候、自身被及太刀打段、無比類次第、天下之名誉候、」

（214）【原文】「荒川伊豆守馳来リ、信玄ト見スマシ、三太刀マテ討共不徹、信玄太刀ヌキ合スル間モナク、団ヲ以テ受ハッス」

（215）高橋修『【異説】もうひとつの川中島合戦』洋泉社新書y・2007

（216）村上直次郎訳『異国叢書』〔第3〕駿南社・1928（45号）、1573年4月20日付ルイス・フロイス書簡

（217）今福匡『上杉謙信』星海社・2018

（218）『信濃史料』〔巻17〕「真田文書」天正18年（1590）4月29日付、真田昌幸宛豊臣秀吉朱印状など。秀吉は『上杉家文書』832号でも上杉景勝に「人を商買仕候、言悟道断、無是非次第候」と厳命している。

（219）『結城氏新法度』でも人身売買を民間の非合法な悪習として禁止している。

（220）乃至政彦『上杉謙信の夢と野望』洋泉社歴史新書y・2011、ワニ文庫・2017

（221）ここで重要なことを述べておくと、戦国時代に農民を徴発して兵員にする体制を敷いた大名はいない。よく耳にされる「兵農分離」も、後世に作られたフィクションである。『雑兵物語』の登場人物たちですら、武家または百姓出身の兵員であって徴発された農兵ではない。侍は基本的に、侍とその見習いだけで兵員を整えるのが原則だった。大名が動員した「陣夫」というのも輸送人員であって、戦闘員ではない。一次史料および近世軍記に、農兵の証拠が見つかった例もない。ド

ラマでよく見る陣笠に御貸具足という近世足軽の姿も農兵ではないのだ。
(222) 簗瀬大輔「上杉謙信の雪中越山」（福原圭一・前嶋敏編『上杉謙信』高志書院・2017）
(223) 『上越市史』1311号（『歴代古案』［巻12］、天正4年10月15日付円昌坊教雅書状）。
(224) 『上越市史』457号
(225) 『松隣夜話』【原文】「謙信公御武勇の義ハ扨置候、其余の御気質統て奉見之処、十にして八つハ大賢人、亦其二つハ大悪人ならん。但生得立腹に座し、其致す処多ハ僻事あり。其余の或ハ猛く勇み尤欲情清浄にして器量大に廉直にして隠処なく、明敏にして下を察し、士を憐愍して育し忠諫を好て容れ給如き末の代にハ難有名将故に其八つハ賢人と訓し申なり」
(226) 『戦国遺文 後北条氏編』724号
(227) 『大般若波羅蜜多経識語』
(228) 『上越市史』290号・10月5日付近衛前嗣書状
(229) 本章および次章は梅沢太久夫『関東争奪戦史 松山城合戦』（まつやま書房・2012）、中世太田領研究会『太田資正と戦国武州大乱』（まつやま書房・2019）に拠るところ多し。
(230) 『戦国遺文 後北条氏編』649号
(231) 中世太田領研究会『太田資正と戦国武州大乱』まつやま書房・2019
(232) 【原文】「惣体、関東事、前後不案内ニ候条、」
(233) 生山合戦については、『戦国遺文 後北条氏編』725〜731号を参考とした。逆にいうとそれ以外の史料はない。
(234) 『上越市史』297号
(235) もっとも永禄6年（1563）には武田信玄と北条氏政の軍勢が松山城を制圧。早期の落城に、ふたたび救援要請を受けて雪の峠を越えた輝虎が資正に激昂した逸話がある。
(236) 『上越市史』292号
(237) 『上越市史』297号
(238) 『上越市史』298号

(239)『看羊録』
(240)『戦国遺文』[後北条氏編] 746号
(241)『上越市史』347号
(242)『上越市史』337号
(243)『上越市史』320、321号。「抑東国鉾楯無際限事、且味方中労苦、且萬民無安堵思、旁以今年関東可付是非議定候」と、この大乱を早く終わらせたい気持ちを述べている。
(244)はじめのころは「敵に塩を贈る」表記の見出しが使われていたようだ。
(245)享保元年（1716）の『武将感状記』から明治2年（1869）の『名将言行録』まで、この通りの内容になっている。
(246)永禄10年（1567）秋記に、駿河の今川氏真と北条氏康が「塩留めヲナス」とあり、「越後へモ氏真ヨリ飛使」が派遣され、「塩権ノ義」すなわち塩留めへの参加を要請したが、謙信は「信玄所領ニ塩留めヲセハ、万民ノ辛酸尋常ニアルヘカラス。氏真ノ手段尤浅薄ナリ、今爰ニ於テ仁道ヲ背カハ、末代ノ臭聲ノカレ難シ。信玄ト弓矢ハ棄ヘカラス」とこれを断り、蔵田五郎左衛門に「前々ノ如ク信玄領地へ塩ヲ可入」と命じたとある。
(247)萩原大輔『謙信襲来』能登印刷出版部・2020
(248)**【原文】**「北条氏康・織田信長牒し合せて、甲州（武田信玄）へ塩どめのありし時、謙信使節を甲州へ遣はし、北条・織田、我国よりも塩留め可仕の旨を云といへども、我是に不同也、弓矢は盛に取べし、塩をば何ほども可送の由をいへり、尤剛操風流の武将と云べきなり」

乃至政彦

ないし・まさひこ　歴史家。1974年生まれ。高松市出身、相模原市在住。著書に『上杉謙信の夢と野望』（KKベストセラーズ）、『平将門と天慶の乱』『戦国の陣形』（講談社現代新書）、『天下分け目の関ヶ原の合戦はなかった』（河出書房新社）など。書籍監修や講演でも活動中。
HP：天下静謐 http://www.twinkletiger.com/

謙信越山《けんしんえつざん》

著者　乃至政彦《ないしまさひこ》

2021年3月12日　初版発行

装丁・本文デザイン　mashroom design
校正　福田智弘
図版　アトリエ・プラン

発行人　菅原聡
発行　株式会社JBpress
〒105-0021
東京都港区東新橋2丁目4-1
サンマリーノ汐留6F
電話　03-5577-4364

発売　株式会社ワニブックス
〒150-8482
東京都渋谷区恵比寿4-4-9
えびす大黒ビル
電話　03-5449-2711

印刷・製本所　近代美術株式会社
DTP　株式会社三協美術